気になる子の保育マニュアル

千葉大学名誉教授
冨田久枝 監修

成美堂出版

はじめに

頑張れ！ 「気になる子」と保育者たち

　保育園・幼稚園の日々の保育現場で「どうして？」と思うような子どもに接して、保育者は「何とか毎日、友だちと楽しく遊び、本来その子が持っている力を出せるようにしたい」と考えます。でも、どうしても泣きやまなかったり、なぜ友だちとトラブルになってしまうのかがわからず、途方に暮れている保育者もたくさんいます。

　いわゆる"気になる子＝グレーゾーンの子"とは、「知的な遅れはないか、あってもごく軽度だが、社会生活、人間関係、学力習得、自己行動の適応に何らかのつまずきが見られる子ども」を指しています。言い換えれば"発達に独自のパターンを持つ子ども"たちですが、実は対応がわからず途方に暮れているのはその子たち自身なのです。その子たちも就学して、いずれは社会に出て行く日が来ます。保育者はそんな子どもが自信と自己肯定感を持ってもらえるように、日々頑張っているのです。しかし、若い保育者の中には気になる子のサポートが願った通りにいかずに悩んだり、壁に突き当たったり、自分の力のなさに愕然として、自分は保育に向いていないと挫折感にさいなまれる人がいるかもしれません。本書は様々な気になる子のタイプを、園の一日に沿って実例をあげてその子の思いや背景を考えた適切なサポートを提案し、子どもともども楽しい毎日を送るための本です。今、保育の場にいる若い保育者の悩みを少しでも軽減できるよう、現役保育者からのメッセージを紹介します。

　……"気になる子"への対応は大変ですが、少しずつの成長が見られるようになってきたときは、とても嬉しい気持ちになりますよね。

　個別対応をするのは難しいときもありますが、就学前までの大切な乳児期〜幼児期に少しでも子どもたちの成長を感じ、少しでも何か自信を持って巣立っていけるようにお互いにサポートを頑張りましょう。
（D幼稚園教諭）

　本書ではまだまだ他にもたくさんの現場の声を掲載していますので、ぜひお読みください。最後に、明日も元気に頑張れるような先輩のエールを紹介しましょう。

　……気になることはたくさんあると思いますが、大切なのはまず「その子を知る」ということ。そして、自分を知ってもらい受け入れてもらうことだと思います。焦らず、その子と一緒に楽しめることを見つけ遊ぶ中で関係を築いていけば、子どもの気持ちも変わっていきます。気長に、その子も自分も大切にして素敵な一日一日をすごしてください。
（C幼稚園教諭）

　みなさんが子どもたちと一緒にやりがいと希望に満ちた、素晴らしい毎日を送っていかれることを願っています。

千葉大学名誉教授　冨田久枝

もくじ

- はじめに ………… 2
- この本の使い方 ………… 6

第1章 「気になる子」とは … 7

「気になる子」ってどんな子？ ………… 8
「気になる子」に最初にすることは ………… 9
気になる子の「いつも」を知ろう ………… 11
発達障害を理解しよう ………… 12

第2章 シーン別・気になる子への対応＆保育サポート実例集 … 17

「気になる子」への接し方＆話し方 ………… 18

登園のとき

- 登園を嫌がり、保護者から離れない ………… 20
- 朝、保育者や友だちにあいさつができない ………… 22
- 登園しても保育室になかなか入らない ………… 24
- 一人で登園後のしたくや次の準備ができない ………… 26

保育活動のとき

- 保育室から勝手に出ていってしまう ………… 28
- 保育活動に集中できずに、保育者の話を聞けない ………… 30
- 一人お昼寝しないで騒いでいる ………… 32
- 場面を転換すると、次についてこられない ………… 34
- みんなと一緒の準備や役割ができない ………… 36
- 紙芝居や制作活動など、興味がない活動はやらない ………… 38
- 終えていないのに一人で別のことを始める ………… 40
- 散歩や移動で勝手に列を離れる ………… 42
- みんなと同じペースで歩けない ………… 44
- 手洗いのとき、水あそびをする ………… 46
- 高い所から飛ぶなど危険な行為をする ………… 48
- 片づけができずよく物をなくす ………… 50
- 泣き出すと止まらず泣きやまない ………… 52
- 園のトイレに行けず一人で用がたせない ………… 54
- 着替えやしたくに時間がかかる ………… 56
- 園や人前で性器を触っている ………… 58
- あそびのルールを理解しない ………… 60
- 体を動かすあそびが苦手 ………… 62
- 特定のあそびや玩具にこだわる ………… 64

- 自分であそびが決められない ………… 66
- 読み聞かせなどでじっとしていられず立ち歩く ………… 68
- ごっこあそびに一人没入できない ………… 70
- 会話の声が大きすぎたり、奇声を上げたりする ………… 72
- 園で食事ができない。落ち着いて食べない ………… 74
- 好き嫌いが激しく特定のものしか食べない ………… 76
- 給食を待ちきれなくてすぐに食べてしまう ………… 78

友だちとの関わり方
- 友だちと関わらず一人で遊んでいる ………… 80
- 友だちを叩いたり噛んだりする ………… 82
- 自分の好きなおもちゃを独り占めしたがる ………… 84
- 友だちから話しかけられても答えない ………… 86
- 友だちとよくケンカになってしまう ………… 88
- 自分のペースややり方に強くこだわる ………… 90
- 友だちの顔や名前が覚えられない ………… 92
- 嫌がることを言ったり、ちょっかいを出す ………… 94
- 特定の子や保育者のそばを離れない ………… 96
- 友だちの中でぼんやりしている ………… 98
- 勝ちにこだわり、負けを認めない ………… 100
- 与えられた役割ができない、指示にしたがえない ………… 102
- 人の気持ちや空気を読めない ………… 104

ことばの問題
- すぐわかるようなウソつく ………… 106
- すぐに「できない」と言って投げ出す ………… 108
- 状況を問わず、ずっとおしゃべりを続ける ………… 110
- 園では自分の思いを話せなくなる ………… 112
- 同じ言葉や歌を何べんも繰り返す ………… 114
- 質問しても話がかみ合わない ………… 116

行動の問題
- 手や体の汚れを極端に嫌がる ………… 118
- 特定の音を怖がり騒がしいところを嫌がる ………… 120
- 人やものによく体をぶつけてしまう ………… 122
- 感情をコントロールできず自分を傷つける ………… 124
- 視線を合わせず、顔を見ておしゃべりをしない ………… 126

降園のとき
- 時間になってもいつまでも帰りたがらない ………… 128
- バスの中で騒いだり席に他の子がいると怒る ………… 130

「気になる子」の現場から ………… 132

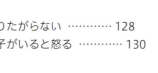

第3章 保護者への対応とサポート＆支援環境作り … 135

「気になる子」の保護者への寄り添い方 ………… 136
保育者が寄り添い、心の支えになる ………… 138
サポートにつなげる環境設定の考え方 ………… 140
子どもの様子を伝える連絡帳の書き方 ………… 142
子どもに伝わる絵カードの使い方 ………… 143

◆監修者紹介 ………… 144

巻末カラー 子どもに伝わる絵カード

●きもちのカード ………… ①
うれしい・かなしい・たのしい・やりたい・やりたくない・いやだよ・おこっている・おもしろい・つまらない・わからない・わかった・すき・きらい・こわい・ほしい・いらない・はなしたい・はなしたくない・びっくりした・こまったな・かえりたい・いきたい・そばにいて・あっちにいって・ありがとう・ごめんなさい・くやしい・うらやましい・なかよくしたい・うるさいな

うれしい

●からだのぐあいカード ………… ⑥
げんきだよ・つかれた・ねつがある・ふつうだよ・いたい・おしっこしたい・うんちしたい・きもちがわるい・きもちいい・のどがかわいた・あつい・さむい

●うごきかたカード ………… ⑧
たとう・あるこう・はしろう・とまろう・ならぼう・まえにすすむ・やすもう・いすにすわる・しゃがもう・おはなしきこう・ジャンプする・しずかにしよう

あるこう

●一にちのはじまりカード ………… ⑩
①せんせいにあいさつ→②くつをはきかえる→③ほいくしつにはいる→④すいとうやれんらくちょうをしまう→⑤きがえてロッカーにいれる→⑥トイレにいく→⑦みんないっしょにあいさつ→⑧せんせいのおはなしをきく→⑨あそびにうつる

●えんの一にちカード ………… ⑪
おへやであそぶ・かたづける・おさんぽにいく・てをつないであるく・てをあらう・うんどうする・しょくじをする・トイレにいく・おひるねする・みんなであそぶ・おかえりのしたくをする・「さようなら」をする

おへやであそぶ

●きがえカード ………… ⑬
①きがえをだす→②ズボン・シャツをぬぐ→③シャツのタグがわをもつ→④あたまをいれる→⑤シャツをしたにひいてくる→⑥すわってズボンをかたあしずつはく→⑦ズボンをあげる→⑧シャツをズボンのなかにいれる→⑨ぬいだものをたたんでしまう

●たべようカード ………… ⑭
①てをあらう→②じぶんのせきにすわる→③しずかにはいぜんをまつ→④「いただきます」をする→⑤おいしくたべる→⑥「ごちそうさま」をする→⑦じぶんのコップとタオルをとる→⑧はみがきをする→⑨くちをゆすぐ

●トイレカード ………… ⑮
①スリッパをはきトイレにはいる→②ズボン（スカート）とパンツをおろす→③べんきにすわる→④うんち（おしっこ）をする→⑤トイレットペーパーをとる→⑥まえ・おしりのあなをふく→⑦パンツとズボンをあげる→⑧べんきのみずをながす→⑨てをあらう

●こえのおおきさ＆とけいカード ………… ⑯

この本の使い方

この本は、現場で「気になる子」へのサポートに戸惑っていたり、保護者への対応に悩んでいたりする若き保育者に向けて、様々な視点での対応を提案し、よりよい保育ができるポイントを解説します。

● 園の「一日」に沿って事例を紹介

登園から始まり、保育活動→友だち→ことば→行動の問題→降園までの流れの中で、園で出あうことが多い「気になる子」の56事例をあげて構成されています。

●「こんなサポートをしよう」で実際のサポートを解説

「気になる子」の事例別に、それぞれの特性と背景から適切なサポートのしかたを説明します。実際の対応に参考になるように、様々な視点をピックアップしました。

● いろいろな視点からの「そのとき」の声掛け例

気になる子の状況に合わせた、簡潔な声掛けの例を紹介。保育者は視点を変え、その子を考える姿勢が大切です。

● そのときの状況が「マンガ」でわかる

気になる事例の発生状況を、親しみやすいマンガで示しています。

●「マンガ」の事例を分析・解説

上掲のマンガの事例をくわしく分析・解説。いろいろな視点を示します。

● その時の背景と子どもの思いを簡潔に

保育者が考えるその背景と原因、そのときの子どもの心情を簡潔にまとめました。それぞれの対応を右ページでサポート例として紹介します。

● 難しい「保護者対応」をやさしくアドバイス

保護者対応のポイントをやさしくアドバイスします。TPOに応じた考え方の参考にしてください。

● 現役保育者の声を伝える「保育の現場から」

他園の保育者の声を聞く機会はなかなかないもの。他園の現場ではこうしているなど、考える一助にしてください。

巻末カラー　子どもに伝わる絵カード

子どもが自分の気持ちや行動、状況を理解・表現するための「絵カード」を収録。コピーするかパソコンへ取り込んで使用します。詳しい使い方は143ページをご覧ください。

第1章
「気になる子」とは

現在、園に必ずいると言われる「気になる子」。
初めてサポートする保育者にも、
その基本的な考え方をわかりやすく解説します。
また、発達障害の基本も解説します。

「気になる子」ってどんな子?

「気になる子」というと、乱暴などの問題行動をする子どもと考えがち。
でも、実は子どもが「困っている」姿が表出しているのです。

「気になる子」は困っている子

着替えや手洗いに時間がかかったり、途中で遊び出してしまう子。保育者の言葉や指示を、聞いていても理解できなかったり、そばを離れてしまう子。少しトラブルがあると、友だちに悪態をついたり乱暴な行為をする子など、実際に園にいる「気になる子」の姿は様々です。

しかし、そもそも「気になる」のは私たち大人の観点からで、うまくできないことを一番気にして困っているのは、その子どもたち本人なのです。保育者自身が、「○歳だからこんな行動をする」とか「○歳だからこれができる」という保育知識による先入観から、「気になる子」と感じているのかもしれないのです。

私たちの「気になる」という気づきの視点から、次に「この子は何に困っているんだろう」と視点を広げていくことが大切です。

なぜ「困っている」かを考える

「気になる」行動をする子どもは、日々園での生活で自分の持つ特性と対峙しています。例えば、保育士の話を聞いていなかったり、話が理解できなかったりする子どもの気持ちを考えてください。

もしかするとその子は、前の活動をまだ続けたかったり、友だちが何をしているのか気になり、上の空だったのかもしれません。あるいは保育士の話す言葉が難しく、知らない言葉に戸惑っていたのかもしれません。そんなとき、その子の記録などから前の言動を確認し、観察することが大切です。保育者自身の言葉や伝え方が適切だったか、そのときの活動はどうだったのかを振り返ってください。そして、その子の気持ちや状況を考えて観察してください。

そうすることで、なぜ「困っている」かが見えくるはずです。そして例えば、「顔をしっかり見て、絵カードを使って伝える」などのサポートにたどり着くかもしれません。子どもたちの置かれた状況や個性を理解し、一番適した形を探しましょう。

「障害」と安易に決めつけないで

令和3年の民間会社調査によると、気になる子が「いる」保育所等は89.8％※、「いない」は同9.9％でした。多くの保育所や幼稚園が、子どもたちを日々サポートしているのです。気になる言動をする背景として「発達障害」の可能性があげられることがあります。

しかし、その他の原因があることも多く、保育者の自己判断で決めつけることは大変危険です。もちろん、保育者に発達障害の知識は重要です。それらの基礎情報を12〜16ページに掲載していますから、ぜひ再確認してください。

※「令和3年度子ども・子育て支援推進調査研究事業／保育所等における障害児に対する保育内容及び関係機関との連携状況等に関する調査」PwCコンサルティング合同会社＝厚生労働省の補助事業

「気になる子」に最初にすることは

「気になる子」に初めて接するときは、誰でも戸惑ったり悩んだりするはずです。
まず、正しい理解と対応法を知ることが大切です。

「気になる子」をより深く知る

● **子どもは一人ひとり違う**

当たり前のようですが、子どもたちの発育や個性はそれぞれ違います。家庭内での子育てでは比較することがなかったのに、幼稚園・保育園ではどうしても周りの子どもの育ちと比べてしまいがちです。

確かに「気になる子」はクラスでも目立ち、場合によっては他の子どもたちへ影響を及ぼすこともあります。しかし、「普通の子」と「気になる子」を区別することは、保育者として絶対にしてはいけません。「気になる」ことこそ、その子の個性・特徴であることを厳に再認識してください。

● **子どものせい、親のせいではない**

保護者は「気になる子」の親として心身をすり減らしてきましたが、残念ながら「親のしつけのせい」とか「誤った育て方のせい」などと保護者の責任とする人もいます。

しかし、成育は子ども一人ひとりで違い、それが子どもの個性でもあるのです。保育者は厚生労働省「保育所保育指針」が求める「一人ひとりを大切にする保育」を、常に遵守ことが大切です。幼稚園でも「幼稚園教育要領」で同様に示され、一番大切な指針といえます。

● **やさしい目標を小さなステップで**

子どもが何かができるようになるには、個々にいろいろな段階があります。「気になる子」は、育ちのペースが他の子と違う場合が多く、今何ができるか、何ができそうなのかを保育者が的確につかむことが必要です。

例えばあいさつが苦手な子には、目を合わせて微笑むことから始めるなど、最初の目標は低めに設定します。子どもの思いを尊重して、すぐできるわかりやすいサポートを考えましょう。だからといって無理強いするなど、子どもを追い詰めるのはもっての外です。

● **集団保育の利点を活かす**

園での集団保育の利点は、毎日同じ活動を繰り返すカリキュラムが多いこと、保育者が子どもの成育に合わせた保育ができること、そして、同じ年齢の子が揃うため個人差をふまえた支援ができることです。さらに、同年齢の子ども同士の関わりから、社会性や協調性が身につくことです。

また、多数の子どもたちとの関わりから、「気になる」面の反対側に位置する、その子だけの優れた「見えなかった個性」がわかることもあります。

● **保護者との連携が大切**

「気になる子」の保護者は想像以上に、周囲の無理解や誤解に傷ついたり、実際に発育の偏りに悩んだりなど、育てる大変さがあります。保育者はその子に合ったサポートを考えると同時に、保護者の気持ちを尊重した支援を心がけましょう。

● **保育者も一緒に成長しよう**

「気になる子」により理解を深め、より良いサポートをしたいと願うのは、保育者みな同じです。子どもが大好きで保育の道を選んだのに、気づけなかったりサポートを失敗したり、後悔している方もいると思います。子どもたち一人ひとりが違うように、自分を他者と比べて落ち込むのはナンセンスです。

先輩保育者のマネをしたり、同僚とミーティングをするなど、一人で悩みを抱え込まないようにしましょう。子どもと小さなステップを積

第1章 「気になる子」とは

み重ねることは、自分自身の「気になる」悩みを乗り越えることでもあるのです。
必ず自身の成長につながると信じてください。

日ごろから観察・分析をしよう

例えば、絵本の読み聞かせの際、勝手に歩き回ってしまう子がいても、保育者が「また〇〇ちゃんか…」などとあきらめたり、サポートを放棄しては絶対ダメです。

子どもたちの「気になる」言動には、必ず原因・理由があります。それは、子どもが未知の体験が怖かったり不安だったりなど、「困った」状況から不安定な気持ちに置かれているからです。もちろん、他の刺激に対しての衝動的な反応なのかもしれません。何より大切な、子どもの観察ポイントを具体的に紹介します。

● **行動パターンをとらえる**
登園やあいさつ、園庭での様子や、自由あそびでいつも何をしているかなどを観察します。

● **視線の先や表情の変化を見る**
気になる行動をしたときに、その子がどこを、何を見ているか、また、どんな顔をしているかを見ましょう。

● **何に興味関心を示しているか**
例えば、その子が絵本よりも動物図鑑などに見入っていたら、興味対象が絞れてきます。そこから好き嫌い、苦手なものを推察できます。

● **当時の環境や状況を確認する**
近くに大きな音がするものがないか、人の出入りがなかったか、天候に変化がなかったかなどを確認しましょう。

● **他の子との関わり方は？**
普段からの友だちとの距離感や、接し方を観察するようにします。

● **連絡帳から家庭での行動を確認**
気になる行動が書かれていないか、連絡帳をチェックします。園での気になる行動をすぐに伝えるのは慎重にしましょう。

記録し連携することが大事

観察の結果、子どもの変化や思いに気づいたり、サポートのヒントがわかっても自分だけの情報にしておいては、観察が無意味になってしまいます。また、「あの子はイヤがって、絶対しない！」とか「また途中で飽きてしまうからムダ」など、保育者が一人で悩み考えるうちに、「その子はそうだから」と決めつけ、出口が見出せなくなることも考えられます。

このような誤った結果に陥らないようにするには、他の保育者と情報を共有し、経過を振り返ったり連携してサポートすることが大切です。園によりシステムの違いもありますが、その子の日ごろの出来事を記した「エピソード記録」を活用し、園の連絡帳に記入することも大切です。さらに、子ども別ノートや分析・サポートシートがあれば、より保育者間で共有しやすくなります。また、前年度の担任に成長の変化を聞いたり、ベテラン保育者に相談することで、新たな観点が開けたりします。ぜひ積極的に記録し、共有することをお勧めします。

「気になる子」を褒めよう

①良い活動ができたら、すぐ褒めよう
普段散歩に行くのを嫌がる子が、その日参加するなど、良い行動ができたときはすぐに褒めてください。歯磨きなど、その行動をしている最中でもよいです。終えた後や翌日では、子どもは何を褒められたのかわからないからです。

②目線を合わせることが大事
褒めるときは、腰を下ろすなど子どもの目線に合わせると、褒めていることが伝わります。接触過敏でなければ手をとったり、ハグするのもよいでしょう。

気になる子の「いつも」を知ろう

気になる子は必ず毎日の生活に、いろいろなシグナルを出しています。

[生活・行動面から]

●昼寝が不規則・目覚める・眠らない

　お昼寝でなかなか寝つかなかったり、すぐに目覚めてしまう。また全然眠らずに歩き回ったり騒いだりする。逆に、放っておくとずっと眠っているなど睡眠パターンに注意します。

●落ち着きがない・衝動的な行動をする

　幼児には多いですが、普段から気分のムラが激しく、広い場所で突然走り出すなどが頻発する子どもは注意が必要です。また友だち間の会話に、突然割り込んで話し出すなども注意しましょう。

[運動・感覚面から]

●動きがぎこちない・不器用で行動が遅れ気味

　発育に偏りがあったり緩やかな子の場合は、走ることが苦手だったり、鉄棒にぶら下がれなかったりします。筋力が劣っている場合もあり、着替えに手間どったりハサミがうまく使えないなど生活面での困難が現れます。

●水などへの感覚過敏・視覚や味覚の過敏

　感覚過敏や、逆に感覚の鈍麻が考えられる場合があります。土や水を極端に嫌がるなどは注意して観察をします。また、食事面での過剰な偏食は、保護者と調理員との連携も大切です。

●お気に入りを離さない・抱っこを嫌がる

　お気に入りのぬいぐるみや小物を離さず、離すと嫌がる時期が続く場合は気をつけましょう。また抱っこや手つなぎを嫌がるときは、機嫌やトラブルを確認します。特定の動作を繰り返すときは要注意です。

[愛着・コミュニケーション面から]

●ルールを守れない・人見知りが激しい

　対人関係が苦手で不器用な子は、順番待ちや貸し借りがうまくできません。友だちと関わるあそびに参加できない場合は、適宜サポートをします。また、極端な人見知りは観察が必要な場合もあります。

●他人への関心が薄い・一方的な会話

　人と目を合わせなかったり、いつも一人あそびをしていたり、逆に初対面の人に平気で話しかけるなどする場合は要注意です。頻繁にパニックを起こす子は、状況や環境などを十分に確認します。

[認知面から]

●文字や絵に興味がない・指示を理解しない

　絵本にあまり興味を示さない子もいますが、極端に反応しない場合は要注意。顔や名前を覚えられない子や指示しても理解しない子は、普段の生活からチェックすることが必要です。

発達障害を理解しよう

「気になる子」は障害に起因することがあります。
その判断は専門家に託し、その子の理解と保護者への配慮を心がけましょう。

　毎日接する子どもの「気になる」ことは、ひょっとすると発達障害を抱えているからかもしれません。保育士が子どもへの誤った認識に陥らないように、考え方の整理のポイントと、「気になる子」の背景の一つとして知っておきたい「発達障害」及び、他の原因の基礎知識をまとめました。

他者に憶測で障害名を言わない

　「発達障害」という言葉が知られるにつれ、発達障害＝気になる子という、決め付けに近い思い込みをしている人もいます。発達障害にはよく見られる共通の特徴があり、保育者は子どもの言動や習慣を日々見ています。
　だからこそ、保育者は発達障害が生まれつきの脳の機能障害が原因で、行動や情緒面で他の子と違うということを肝に銘じなければいけません。「〇〇症では…」と思っても、家庭事情などそのほかの原因があるのかもしれません。保育者個人の憶測で、勝手に決めつけて対処法を他者に相談したり、それを保護者に告げたりするのは絶対にやめてください。判断できるのは専門家だけなのです。

専門機関への相談はいつ行く

　保育者間の連携と園としてのサポート体制を整えても、子ども本人も担当保育者が困っている状況から抜け出せない…。こんなときには外部の医療、福祉、教育の専門機関に相談して、助言やアプローチなど適切な支援を受けることも考えられます。
　相談する機関は、市区町村が行っている「巡回相談」もありますが、他にも「発達支援センター」や「市区町村保健センター」などいろいろあります。初めは市区町村の窓口に相談しましょう。

診断名が変化することも

　子どもの成育の早さと変化には、目を見張るものがあります。例えば年長時に「限局性学習症」と診断されたのが、小学校入学後には「自閉スペクトラム症（ＡＳＤ）」の診断に変わったりすることがあります。診断時に強く出ていた特性に基づいた判断だったからで、成長につれて判断が変わったのです。気になる子の変化には、継続的な観察と注意が大切です。

診断が出てもサポートは同じ

　たとえどんな診断名が出ても、「一人ひとりの子どもの発育に合わせた保育をする」という原則は変わりません。その子どもが、診断名によって変わるわけではありません。一日の多くの時間を過ごす保育園・幼稚園は、どんな子どもでも楽しく自己肯定感を育み、次のステップへ進むための大切な場所です。保育者はどんな診断名だろうと、その子の気持ちに寄り添い、周囲の理解とサポートのもとで子どものできることを、少しずつ増やしていくことが大切です。

診断名がつかない子もいる

「一番にこだわり、負けると大泣きする」子、「砂場遊びを嫌がって、離れている」子など、子どもの「気になる」行動は様々です。幼児期は発達の個人差が大きく、「もう少し様子を見ましょう」と専門機関が診断を保留する場合もあります。「診断名がつかないと対応できない」と悩むのでなく、その子の状態を把握し問題行動と見える言動の理由を考えましょう。その原因が「負けた悔しさを引きずっている」とか「砂が目に入って痛かった」からなど、背景がわかることがあります。あえて、子どもに診断名のレッテル貼りをしなくてもよいのです。

発達障害とその他の症状

発達障害とは、「障害者基本法」(2011年改正)により定められた精神障害に含まれ、自閉スペクトラム症、注意欠如多動症、限局性学習症などが主なものです。ここでは、その他の症状も合わせ簡単にまとめました。

自閉スペクトラム症（ASD）

自分の気持ちを伝えたり、相手の心情を理解することが困難など、年齢相応の人間関係の構築とコミュニケーションが難しいことが特徴的な障害です。興味の持ち方が限定的で、同じ行動をしたがる、好きなものがごく限定的である、など強いこだわりがあります。

[子どもの姿と抱えている問題]
- 知らないものや新しい環境になかなか慣れない＝未経験なものに強い不安を持つため、運動会や発表会、進級の部屋替えなどを拒絶する。
- 人との関わりが苦手なため孤立しやすい＝保育者の後追いをしないなど人への興味が薄く、自分のペースや関心によって行動するため一人でいることが多い。
- 相手に思いや言葉を伝えるのが苦手＝自分の気持ちを伝えたり、表情や状況から気持ちを理解するのができないため、相手の言葉をオウム返しにする子が多い。逆に一方的におしゃべりをするが、会話が成立しないなどがある。
- 感覚の過敏や鈍麻があり調整ができない＝感覚刺激に敏感で、静かな環境下なら理解できても、ガヤガヤした中では理解できず無反応になる、犬や赤ちゃんの声などに過敏に反応してパニックになるなど、生活面で困る場面が多い。

[その他の出やすい特性の例]
視線を合わせない／抱っこを好まない／名前に反応しない／極端な偏食／表情が乏しい／特定の漢字や数字、ロゴなどに強い関心を持つ／集団行動が苦手／自由あそびができない、など。

[サポートの考え方]
- 言葉だけでなく絵カードなど視覚的な手がかりを使って、理解と見通しを持ちやすくする。
- ゆっくりと時間をかけてよく観察し、その子ども独自の感覚を理解し本人の負担を減らす。
- 特別な対応より、保育者は日常的に積極的な声掛けをして、子どもが言葉にする自発性を引き出す。孤立させないように、例えば保育者が仲介して複数でのあそびに誘うのもよい。

注意欠如多動症（ADHD）

　年齢や成育の段階に不相応な注意の散漫（不注意）や落ち着きのなさ（多動性）、感情がコントロールできず衝動的な行動が見られる（衝動性）など、その特徴はその子の園での生活に支障をきたします。衝動的な行動は周囲の叱責や反発を受けやすく、その子も自己肯定感を持ちづらくなります。しかし、これらの特性は普通の人も若干持っており、注意欠如多動症は早期の発見が可能なこと、服薬治療と教育との連携が効果的であることがわかっています。

[子どもの姿と抱えている問題]

- 同じ姿勢で座っていられず話を聞けない＝集中できる時間が短いため、同じ姿勢を保てずに視野に入ったものに気をとられたり、おしゃべりや手足を常に動かしたりする。ぼんやりしていて、保育者の話がわからないことがある。
- なくし物や忘れ物が多く、管理が不得手＝物事に最後まで集中して取り組めず、気が散りやすくあそびや課題作りも長続きしない。そのため、なくし物や忘れ物が多く管理も苦手なので、ロッカーや机は乱雑になりがちになる。
- 列で順番を待つ我慢ができず、質問も聞けない＝順番を守れないので、周囲から敬遠されるため浮いてしまいがち。衝動的に物を壊すなど、破壊的な遊びを好む場合もあり、すぐに反応してしまうためじっくりとした活動が難しいことが多い。

[その他の出やすい特性の例]

　歩き出すころに過剰な運動行動／寝つきが悪く睡眠時間が短い／生活リズムが乱れている／かんしゃくを起こしやすい／排泄の遅れ／危険な行動をよく行う／泣き出すとやまない、など。

[サポートの考え方]

- 注意欠如多動症の特性である忘れ物や落ち着かなさは、子ども一人ひとりが持っているものと認識して、クラス全体の問題として考えるとよい。
- 順番待ちのときは一緒に並んで語りかける、かんしゃくを起こし衝動的に乱暴しそうなときは、間に入って抱き止めるなどのサポートをし、衝動的な感情がおさまる（クールダウン）のを待つ。

限局性学習症（SLD）

　知的発達には問題がないのに、「話す・聞く・書く・読む・計算する・推論する」などの学習能力の中で、1つまたは2つの学習に著しく困難がある状態を言います。知的発達全体に明確な遅れが見られる「知的障害」と混同されやすい障害です。学校教育が始まる就学期に診断されることが多く、幼児期にもいくつかの特性が見られます。

　幼いころは簡単なルール説明が理解できない、幼児期以降も聞き間違いが多い、歌やダンスが覚えられない、順序立てて話すのが苦手などの特性が顕著に出ます。就学に際して神経疾患や視聴覚の障害がなく、学習面で困難であることが障害の診断の基準になります。

[子どもの姿と抱えている問題]

- 数え間違いが多く、友だちと分け合うことができない＝給食当番の配分や、制作あそびの素材を分けるなどの場面で困る。また、数はかぞえられても全体がとらえられず、多い少ないの区別が苦手などの特性もある。
- 2つ以上の指示があると順番が混乱する＝みんなで一緒での行動指示や制作の手順など、

複数の情報がある場合、順番がわからなくなる。さらに、聞き間違いが多い特性も加わる。
- 話そうとしても、言葉がスムーズに出ない＝言葉の発達が遅いため、語彙が少ない。そのため、伝えたいことを順序立てて話すことが難しく「何を言いたいのかわからない」状況になりやすい。また、同じ言葉を繰り返す場合多い。

[その他の出やすい特性の例]

話を理解できずに、聞き返しや無反応が多い／聞き間違えが多い／言葉の発育が遅い／靴などの左右の判断が苦手／何事も不器用／数や文字への関心が薄い／話せても指示を理解できない／似た形の文字を判別できない、など。

[サポートの考え方]
- その子の得意なことを活かす＝例えば「友だちと会話が成り立たない」など園の生活に支障がある場合、子どもの好きなあそびを介してスムーズな会話の補助を行うなどが考えられる。
- 道具を使って不得手な部分を補助する＝絵カードやブロックなど視覚情報で補うのが効果的。例えば左右の認識や数の大小などは、ブロックを並べて遊びながら確認するとよい。

発達性協調運動症（DCD）

手足のマヒなどがないのにだらんとした姿勢になるため、やる気がない無気力な子どもと誤解されがちです。また、手先や体の運動など年齢に応じた協調運動に、極端なぎこちなさや不器用さが見られます。例えば、ある年齢になってもスキップができなかったり、ハサミが使えなかったりという特性が見られます。

[子どもの姿と抱えている問題]
- 友だちと運動を楽しみたいけど無理＝手と足を連携させて動かす、目でとらえ足を使うなどが苦手なので、ボールあそびなどに参加しづらい。友だちとの連帯感も生まれにくい。
- 道具を使いたいのに動かせない＝ハサミや箸など、細やかな動きが必要な道具が苦手で、また失敗するかも…という不安感から、折り紙など手指を使うあそびも敬遠しがちになる。
- 複数の連続した動きができない＝うたいながら体を動かすダンスや、リズムに合わせてスキップができない。体全体にバラバラ感があり、恥ずかしくて物おじすることが多い。

[その他の出やすい特性の例]

物に手を伸ばしてつかまない／物を握り続けない／椅子からずり落ちる／ボタンが留められない／いつもゴロゴロしている、など。

[サポートの考え方]
- 外あそびに積極的にいざなう＝体を動かす機会は室内でもあるが、外で体全体を使ったあそびが理想的。「ボール投げ」は、ボールをつかむ→目標を定める→腕を振る→タイミングを合わせる→前に投げる、という複数のことを同時に行う必要がある。しかし「ボール転がし」なら、目標を定め→ボールを転がす、という少ない手順なので参加しやすいなど、工夫次第でできるあそびを行う。
- ゆったりと子どものペースで見守る＝急かしたりやり方を矯正したりしても、子どもはできないことに萎縮してしまう。ゆったりと本人のやり方を見守ることが大切である。

その他の考えられる症状

- 吃音（発話障害）＝言葉が滑らかに出ない（難発）、同じ言葉を繰り返す（連発）などの発話障害の一つ。子どもの場合、からかいの対象になったり、会話が苦痛になるなど人間関

係の悩みになりやすい。治療より、本人も含め周囲が理解し向き合うことが大切。
- チック症/トゥレット症＝意思に反して、思わず起こってしまう体の素早い動き（運動チック）や、奇声を発してしまう（音声チック）こと。一時的には多くの子どもに現れるので、経過観察が大切。トゥレット症は、首を激しく動かすなどのチック症状が1年以上続き、日常生活に支障を来たすもの。その場合は診断を受け、適切な治療を受ける必要がある。
- 愛着（アタッチメント）障害＝乳幼児期に何らかの原因（育児放棄・精神疾患）により、母親・父親（愛育者）との愛着形成がうまく築けず問題を抱えている状態をいう。自尊心や自立心、社会性が乏しく、無気力や感情表現の低さが現れる。人との距離感がわからず近づきすぎたり、逆に過剰に警戒するなどの面がある。

児童虐待が疑われる子がいたら

- 上記の愛着障害に、強く影響しているとされる「児童虐待」は、保育園・幼稚園でも多く発見、報告されています。親や関係者などが子どもに対して行う以下の行為を言います。
  - **身体的虐待**＝子どもを叩いたりするなどの暴力をふるい、身体に苦痛を与えること。
  - **ネグレクト**＝親や保護者が、適切な衣食住の世話放棄や、園や学校に行かせないなど、子どもの養育を拒否して放置すること。また、家族や第三者の虐待を意識的に見過ごすこと。
  - **心理的虐待**＝存在を無視する、罵声や怒号、無理強い、子どもの面前で夫婦間暴力（DV）を行うなど、精神的苦痛を与える。
  - **性的虐待**＝性的暴行、性関係の強要、性的な刺激を与える、児童ポルノの被写体にするなど、子どもに性的な刺激や行為をさせること。
- 子どもへの虐待は、経済面や疾患などの家庭環境や社会的背景など、様々な要因が絡み合って生まれてきます。児童虐待防止法（2000年施行）では、保護者だけでなくいかなる人でも児童に対して虐待することを禁止。増え続ける虐待に過去4回にわたり改正が行われています。

［保育園・幼稚園の児童虐待への対応］

児童虐待は子どもの成長・発育への悪影響はもとより、時には子どもの生命に関わる深刻な問題でもあります。

■保育者に求められる対応のポイント

園での対応として、以下のポイントをおさえて保育を進めることを勧めます。
①児童虐待の正しい理解、②早めの気づき（早期発見）、③関係機関へつなぐ（早期対応・関係機関連携）、④見守り（予防・支援）を行う。

■見守りのポイント（全国保育協議会より）

児童虐待を受けている子どもに見られる特徴はいくつもありますが、複数当てはまるから即、児童虐待とは言いきれません。保育者は注意深く、子どもを見守ることが大切です。

（乳児）表情や反応が乏しい／不自然な傷がある／予防接種や健康診断を受けない、など。

（幼児）不自然な時間に徘徊する／身長や体重の増加が悪い／衣服や体が常に不潔／他者に暴力的／脱衣に異常な不安を見せる、など。

■対応のポイント

①虐待する保護者の背景を理解する。②保護者と接する際、批判的・指導的な態度を避ける。③園だけで解決しようとしないで、専門機関や市町村の担当課に対応を相談する。

第2章
シーン別・気になる子への対応&保育サポート実例集

様々な特性を持った「気になる子」たちに、
戸惑う保育者は多くいます。
この章では子どもの視線を大切に、
目の前の状況に合わせた対応とサポートを紹介します。
各サポート例は、園の一日に沿った形で掲載されています。

[登園のとき]・[保育活動のとき]・[友だちとの関わり方]・
[ことばの問題]・[行動の問題]・[降園のとき]

「気になる子」への接し方＆話し方

困っている子どもへの言葉掛けと話し方に、保育者の多くが悩んでいます。
まず、その子の視点に立って考え接することが基本です。

[子どもの良い面を見つけよう]

「気になる子」は家や園で注意されたり、あそびから疎外されたりし、自己肯定感が低い場合があります。また、保育者は危険を予防したい、友だちと仲良くしてほしいという思いから、思わず否定的な言葉が出たり、言動を束縛してしまうなどに陥りがちです。

子どもをポジティブにとらえ、良い面を伝えることは、子どもが抱える「味方がいない」「誰もわかってくれない」という孤立感を緩和します。子どもはみな障害の有無を問わず、存在を認められ、愛情を注いでもらうことで育ちます。積極的に子どもの良い面を見つけ、どんどん伝えてください。そして、褒める場面で大切なのは保育者が「褒めたい方法」でなく、子どもが「褒めてほしい」方法を見つけることです。

● **子どもが好きな褒め方を見つけよう**
・拍手をする→できたらすぐに拍手を。クラス

「気になる」をポジティブに変える （リフレイミング）

みんなと一緒に活動できない	こだわりが強い	おせっかいをする
▼	▼	▼
慎重で考え深い／自分のペースを持っている／好みが明確だ	好きなことに熱心に取り組む／〇〇博士ちゃん／一つのことを極める性格	面倒見がよいお姉（兄）さん／友だちが大好き／やさしい子
よく動き回っている	感覚がやや過敏	引っ込み思案、消極的
▼	▼	▼
元気で活動的／能動的	わずかな違いがわかる	やさしく思慮深い／落ち着いている／じっくり取り組む
集中が続かない	動きが遅い	感情の起伏がある
▼	▼	▼
好奇心や興味・関心が強い	慎重に考えてから動く	感受性が豊か／違いがわかる／感情表現が豊かで広い

子どもを褒めるにはまずその子の特性を理解しましょう。理想的にはクラス全体で褒めることです。みんなに褒められることが孤立感や疎外感から逃れる手助けにもなります。

全体で、できた子に拍手できるとなおよい。
- 手を握って上下にブンブン振る→握手より喜びが伝わる。ただし、触感に過敏な子どもには控え、同様にハイタッチや頭をなでることも、その子に応じた形に変える。
- 体で表す→OKサイン、大きな輪を作る。

[伝わる話し方のポイント]

子どもと話すときのポイントはどんな子にも一緒ですが、その子に「しっかりと伝わっているか」です。特に「気になる子」の保育には、危険防止や周囲との関係から「注意」や、「指示」をする場合が多くなります。伝わる話し方のポイントをあげます。
- ゆっくり、はっきり、顔を静かに見て話す。
- 理解できない場合は説明の仕方を変える。
- 騒いでも冷静に、感情的にならない。
- 複数の情報は、分けて少しずつ伝える。
- 否定が重なる（二重否定）話し方はダメ。

[子どもがわかる言葉の遣い方]

保育者の言っていることが、「わからないからできない」という子どももたくさんいます。それは、保育者は簡単な指示（言葉）だからと思っていても、実は子どもたちの語彙力や理解力の違いにより伝わっていないことでもあります。できれば声掛けをするとき、その場の状況やその子の背景を考えたいものです。

● **あいまいな言葉や指示語では伝わらない**

大人にはわかっても、多くの子どもには「推し量る」ということはまだ不得手です。例えば「もうじき終わりだよ」と言われても、子どもは「もうじき」がいつなのかわかりません。この場合は「キンコンのチャイムがなったら、今日はお終いだよ」というように、具体的に話します。「もうじき」はあいまい言葉なのです。

● **やってほしいこと、やっていけないことは正確に伝える**

どちらも具体的な行動を示し、わかりやすくすることが大切です。ストレートで明確でない指示は子どもに伝わりません。

● **同時に複数のことを言わない**

「〇〇したら××して、〇〇を見よう」というような話し方では、子どもが順序立てて理解できない場合があります。指示は、簡潔に短くを心がけましょう。

"あいまい言葉"を言い換える（具体的な事実を伝える）

「そこ、うるさいよ」
＝
お口を閉じましょうね／〇〇ちゃん、お口はチャックしようね

「それを棚にしまって」
＝
〇〇を棚にしまってね

「あとでお話ししよう」
＝
〇〇が終わったら、お話ししようね／〇〇したらお話ししよう

「走っちゃダメ！」
＝
ゆっくり歩こうね／ここはネコさん歩きしよう／先生と一緒に歩こう

「ちゃんとしなさい」
＝
「〇〇を××にもどしてね」など、具体的な名称・動きなどを伝える

「きちんと座って」
＝
手はお膝において、先生のほうを見よう／グラグラ動かないとOKだよ

「早くしてね」
＝
スピードアップでしよう！

「こっちにおいで」
＝
先生のところに来てね

「あっちにあるよ」
＝
〇〇にあるからね

登園のとき

登園を嫌がり、保護者から離れない

家では普通にしていたのに園の入り口になると、突然保護者と離れるのを嫌がったり、最初は元気に通っていたのに、日を重ねるうちに行きたがらなくなったりする子がいます。まず子どもの不安や困難さを、ちゃんと理解することが大切です。

新入園なら園の様子がわからないため不安になったり、進級で新しいクラスや活動に慣れないためだったり、登園を嫌がる原因は様々です。保護者と離れられないのは、言葉で伝えられない子どもの唯一の表現なのです。保育者は「今日は、行きたくないんだね」と、子どもの気持ちを受け止めていねいに向かい合って原因を探るとともに、同時に保護者との連携も大切です。

考えられる背景●と子どもの思い★

- 下に赤ちゃんが産まれ、母親をとられたように思い離れたくない。
- 新しい環境に何をどうしていいのかわからず、不安に感じている。
- ★ 新しい〇〇組より前の組がよかった！
- ★ 今日は苦手な運動があるから嫌だ。
- ★ 園にいるとお母さんと会えないから。

～～～ こんなサポートをしよう！ ～～～

サポート例1 子どもの置かれた状況を考えること

子どもが登園を嫌がるのには、様々な原因が考えられます。父親との登園では普通なのに母親だと泣いて嫌がったり、昨日まで普通だったのに急に嫌がるなどその姿はいろいろです。言葉で説明できない子どもには、バス登園が嫌なのか、苦手な活動があるのか、保護者ともっと一緒にいたいからなのかわかりません。辛抱強く子どもに寄り添いながら理由を探りましょう。原因解明は保護者との情報共有がポイントです。

「そのとき」の声掛けは

- お家に帰ってから、遊んだことママにいっぱい話してあげてね。
- 今日は先生も〇〇ちゃんと一緒にお絵描きしようかな。
- お教室に行ったら、〇〇ちゃんのお友だちが「まだかなあ？」って待ってるよ。

サポート例2 子どもが見通しを立てられる対応を

新入園や進級の場合、家と違い園で何をするのかわからず不安を抱える子どもがいます。保護者が迎えに来るまでの流れを、子どもにわかるように伝えることが一番効果的です。

例えば①おはようして遊んで→②おいしいご飯食べて→③お昼寝して→④おやつ食べて→⑤楽しく遊んでいたらお迎えに来るよ！　と繰り返し伝えましょう。また、一日の流れを絵に描いて同時に説明すると、より理解しやすいでしょう。

サポート例3 園生活への不安が原因なら、早急な対策を

子どもの登園拒否は多くは一時的な理由が多いですが、問題は、子どもの体調が悪かったり前兆だったりする場合。いつもと違う様子なら、保護者と話し思い切って休園させることです。しかし①友だちとのトラブルが続く、②保育者との関わりが不満、③発育と保育環境が合っていない、などが理由なら深刻です。子どもの過度な不安は精神的肉体的に不適切です。主任や園長などに相談して、早めの対応が必要です。

保護者への対応ポイント

泣かれれば保護者もつらくなるのは当然です。嫌がる原因を話し合ったり、気づいたことを連絡帳などで共有しましょう。子どもの一日や予定、好きな活動などを保護者に伝えておくことも大切です。

Message 保育の現場から

- 登園時などに、その子が興味を持ち意欲的に取り組める言葉掛けを工夫しています。また、その子のペースに合わせすぎないよう意識しています。
- 保護者から別れてから密に関わり、早く慣れるように接しています。

登園のとき

朝、保育者や友だちに あいさつができない

登園時に限らず、人に会ってもあいさつできない子どもがいます。子ども自身があいさつしなければいけないのをわかっていても、いろいろな事情でできない場合もあります。まず、できない理由を知り、習慣をつけることから始めましょう。

「おはよう」から「さようなら」まで、生活の中であいさつをする機会はたくさん。そして、あいさつができない理由は、子どもによって違います。保護者があいさつをする習慣がなかったり、顔を覚えるのが苦手だったり、対人関係が希薄だったりなど様々です。また、家庭では普通に話していても、ある状況になると話せない「場面緘黙（かんもく）」もあるので注意しましょう。

考えられる背景● と子どもの思い★

- あいさつをしない習慣を誰にも指摘されず、その意味がわからない。
- 他者への関心が薄く、関わり合うことが苦手な面がある。
- ★大きな声であいさつするのが、何か恥ずかしいんだ。
- ★お友だちが誰だかわかんないよ。

～ こんなサポートをしよう！ ～

サポート例 1 急かさず、気長に見守ることが第一

子どもがあいさつできない理由は、「声を出すのが恥ずかしい・言うタイミングがつかめない・保護者の前で照れくさい」などいろいろあります。どの子どもも本当はあいさつしたいと思っているのです。「お友だちにあいさつはしないの？」などと急かしたり、強制しないことが大事です。保育者はどんなときに、どんな言葉を、どう言えばいいのか子どもの気持ちにそって、気長に見守ってあいさつの大切さを伝えます。

「そのとき」の声掛けは

- 恥ずかしいね。頭をちょっと下げるだけでもいいよ。
- 目があったら、ゆっくりでいいから声をかけようね。
- 声を出さなくても、にっこりしてあげようね。
- 手を上げて、先生とハイタッチしよう。

サポート例 2 あいさつの言葉でなくても、伝わればオーケー

言葉に出してあいさつしなくても、はじめは登園時に先生と「ハイタッチ」や「グータッチ」を交わすようにするのもお勧めです。とっさに言葉が出ない子でも、その子なりにできるあいさつにすればよいのです。降園時は「バイバイ」と手を振ったり、「また明日」と握手するのもよいでしょう。そして子どもが保育者に合わせて、「おはよう」「バイバイ」と言葉を返してくれたら、力いっぱい褒めてあげましょう。

サポート例 3 人と関わることが不得手な子の対策は

あいさつできない子に対して、「しつけができていない」とか「親がしないからだ」などと言う人もいます。大人の性格が違うように、子どもの性格も様々なのです。声をかけても顔を見なかったり、反応しない子もいます。人見知りな性格の子や視線が苦手な子には、優しくスキンシップをとりながら接しましょう。視線が苦手な子には少しずつ顔を合わせ、徐々に子どもの視界に入るようにしましょう。

保護者への対応ポイント

「親が悪い」と、保護者が陰口を言われる場合もあります。言わないのも子どもの個性という認識を共有し、家庭であそびなどを通して、自然なあいさつの役割を教えるなどを一緒に考えましょう。

Message 保育の現場から
- 子どもとスキンシップを交えながらあいさつをし、一緒にそばにいる保護者にあいさつを返してもらいます。
- あいさつのときギュッと抱きしめることを約束し毎日繰り返します。

登園のとき

登園しても保育室に なかなか入らない

年度の始まりは登園時、保育室になかなか入ろうとしない子どもがいます。そんなときは保護者も安心して仕事などに行けません。保育者も朝の繁忙期にその子だけに関わることは大変難しいですが、受け入れる工夫が大切です。

なかなか保育室に入らない理由は、一人ひとり違います。しかし、保育者自身が「早く園生活に馴染ませないと」と焦ると、その気持ちが子どもに伝わりよけいにこじらせてしまいます。そんな感受性が豊かな子どもは、長い目で見守っていくことが大事です。その子の特性を見極めて他の保育者と連携し、一対一で向き合える余裕が作れれば理想的です。

考えられる背景● と子どもの思い★

- 場面切り替えが苦手で、新しい環境に飛び込むのに時間がかかる。
- 騒がしい雰囲気に戸惑い、自分の居場所がわからない。
- ★ 何をしたらいいのかわからないよ。
- ★ ママがいないと怖いよー！
- ★ 玄関にあるものが気になるんだ。

——— こんなサポートをしよう！ ———

無理強いせず、落ち着かせる配慮が大事

　ザワザワした雰囲気や先に遊んでいた子どもたちに気をとられ、クラスに溶け込めず何をしたらいいのかわからない子がいます。その子の特性ですから、無理強いしないで観察を基に入れない原因を考えましょう。ザワザワが苦手なら例えば登園時間を早めてもらい、静かなうちに保育室に入りましょう。または、「絵本コーナー」など保育室内で安心できるスペースや職員室に、落ち着くまでいてもらってもよいです。

「そのとき」の声掛けは

- みんなもう遊んでるから、先生と一緒に遊ぼう。
- （途中にある）あれは何だろうね。後で先生と一緒に見に行こうか。
- 少し静かなところで、先生とお話ししよう。
- 着替えたらお散歩行こうね。

保護者への対応ポイント

　例えば、家庭で愛用している人形など子どもの心の支えになっているものを持たせるのもいいです。切り替えができない子に心を痛めている保護者の心配を和らげることも大切なサポートです。

登園時間と保育室までの動線を考えよう

　見通しや切り替えが苦手な特性を持つ子どもは、保育室に入り新しい環境にためらうことがあります。前述のように登園時間を早めるほかに、最初はゆっくりとその子のペースで登園し、徐々に園で過ごす時間を延ばし、やがて一日中園で過ごせるようにする工夫もできます。気が散り集中できない子には、玄関から保育室の間によけいな刺激がないような動線にして、保育者が付き添ってあげてもよいでしょう。

混乱させずに、子どもが切り替えできる工夫を

　場面切り替えが苦手な子どもは、「もっと続けていたい！」という欲求があったり、前にトラブルがあり「あのあそびはイヤ！」と思っている場合があります。また、次に何をするか見通しを持てないと、保育室に入るのを嫌がる場合もあります。こんな場合は短い動き方なら「順番（絵）カード」を、一日の見通しを持たせるなら「一日の予定」を示してスケジュールを理解してもらい、不安感を除くことを勧めます。

Message 保育の現場から

- 「入ろうね」と言ってもなかなか入らないので、「今日は何の絵本を読もうか？」など会話を交わしながら、さりげなく入室を促します。
- 同じ時間帯（バス通園など）で登園する子と一緒に入る約束をしました。

登園のとき

一人で登園後のしたくや次の準備ができない

登園しても荷物をしまえなかったり、活動の準備に移れない子どもがいます。指示されても他に気をとられていたり、何をするのか忘れて困っているのかもしれません。保育者はあくせくせずに見守り、その子に合わせたサポートをしましょう。

朝ロッカーの前まで来て、どうしていいのかわからなくなり戸惑っている子にはいろいろな原因があります。早く遊びたくて気もそぞろになって集中力がなくなる場合や、手順を覚えられなかったり忘れている場合もあります。所定の場所にマークをつけ目印にしたり、手順を示す絵カードを示しながら一緒に行うなど、子どもの特性にそった対応をしましょう。

考えられる背景と子どもの思い

- 指示されたことが理解できないため、マークを見せられてもできない。
- 注意力が弱く刺激に気をとられたり、一つのことを流れで判断できない。

★ どこにしまうのか忘れちゃったよ。
★ どうして、したくしないとダメなの?
★ 早くできないから、急がせないで!

—— こんなサポートをしよう！ ——

1 マークやシールを活用して、認識力をサポート

　荷物をしまう場所がわからなかったり、他の子の場所と区別できない子はたくさんいます。その子の使うロッカーやカゴに、名札と一緒にマークやシール、リボンを貼りましょう。マークなどはシンプルで絵柄もなるべく大きめで見やすいものにし、子ども自身に選んでもらいましょう。子どもの持ち物にも同じものをつけると、「自分の場所はここ！」「これは自分のもの！」という認識と愛着も深まり、自発性が目覚める手掛かりとなります。

2 指示はわかりやすく伝えて、少しずつ進む

　順序立てて複数のことを行うのが、ちょっと苦手な子どもがいます。また、覚えるのが不得手な場合もあります。そんな子や、言葉だけでは伝えられない子どもには、絵カードや絵入りの手順表が有効です。ポイントは、手順はできるだけ一つずつ簡単に説明してあげること。絵カードや実物（リュックなど）を示しながら、目で見て覚えられるようにします。手順表は、朝に使うロッカーなどの近くの見やすいところに貼っておきます。

「そのとき」の声掛けは

- リュックは赤いリボンのところにしまってね。
- 先生がやることを見ながら、マネっこしよう。
- 急がなくていいから、したくができたら遊ぼうね。
- このマークを探して、ピッタリ合わせられるかな。

保護者への対応ポイント

「子どもの朝の準備は園で行ってほしい」という保護者もいます。保護者と話し合い、子ども自身でしたくをやり遂げる、生活基盤作りの重要性を伝えます。意欲や持続力を養うための第一歩だからです。

3 自発的に行動できるように続けての声がけを

　一つずつ順番をていねいに伝えることで段階的にできるようになったら、次はしたくを流れとして続けてできるようにサポートしましょう。3歳児くらいならクラスに行ってリュックをかけた後に、「はい、よくかけられたね。次は何をするの？」と声掛けをします。「次は？」と聞かれることで、ノートや着替えを出す順番を思い出し続けて行動できます。また、集中力をそがないように周囲の環境を考えることも大切です。

Message 保育の現場から

- 時間を気にして見通しが持てない子には、時計の針を目標に示しています。
- 準備は一つずつ具体的に見本を行って、一つ終えるごとに認めて褒めて、終えたら次の行動を伝えてあげます。すると子どもが混乱しません。

保育活動のとき

保育室から勝手に出ていってしまう

活動の途中に、突然、保育室から出ていってしまう子ども。その子に何が起きたのか、何をしたいのかを分析し、子どもの活動をサポートすることが大切です。また、衝動性の高い子の場合、門を施錠するなど安全を確保することも大切です。

苦手な匂いや物音などに体が過敏に反応して、いるのがつらくたまらなく飛び出してしまう。そんな深刻な場合から、家庭の落ち着かない環境を受けてジッとしていられず歩き回る子まで、飛び出しにはいろいろな背景があります。保育者はその子が何をしたいのか、何を求めているのか、子どもからのサインをとらえて分析し、それに即したサポートをしてください。

考えられる背景●と子どもの思い★

- ●特定の匂いや音、大勢の人の声に過敏に反応してしまう。
- ●衝動性が強く、見たものや思いつきにジッとしていられない。
- ★変な匂いがするから、いたくない！
- ★先生が怒るのが面白いんだよ。
- ★前に上手にできなかったからイヤだ。

こんなサポートをしよう！

サポート例 1　感覚過敏がある子には、苦手な刺激を避ける

音や匂いに感覚過敏がある子どもは、活動の内容や場所、人数の規模などによって耐えられない状態になることがあります。例えば音楽や制作なら離れた場所で参加するか、みんながやるのを見学するだけにして様子を見ましょう。子どもがどうしても我慢できなくなったら、「ダメだったら、先生と一緒に出ようね」と伝えておき、一人で行動させないようにしましょう。「気持ちカード」で意思表示をスムーズにしても。

「そのとき」の声掛けは

- ××ちゃんも遊んでいるよ。まだ、部屋から出ません。
- ○○ちゃん、それが終わったら教室に戻ろうか？
- ○○ちゃんの大丈夫なところで、先生と遊ぼう。
- ××は嫌だったんだ。□□をやりたかったのかな？

保護者への対応ポイント

落ち着きのなさが際立つ場合は、子どもの家庭環境を確認しましょう。会う機会にコミュニケーションをとりながら、家庭での様子や保護者の気づきを確認しましょう。感覚過敏への独自判断は禁物。

サポート例 2　衝動的に動きやすい子には、席やドアのマークを

感覚過敏の子と違い、集団の中にいるのが苦痛だったり、保育室に嫌なものがあったりすると、我慢できず衝動的に飛び出す子どももいます。衝動性の強い子が安心して活動ができるように、保育者のそばを専用の席にします。また、保育室の出入り口ドアに○印や絵マークをつけ、出入りのルールを伝えるのもいいでしょう。○印のときの活動は出ても大丈夫ということを教えることが重要です。

サポート例 3　好きな活動に参加できるようになる工夫を

突然、活動の途中で保育室を出てしまう子は、「席に座っているとつまらない」「動きたい」という気持ちを抑えられない状況にあります。家庭が常に慌ただしく落ち着いた環境で養育されていなかったり、外部への興味が止められないなど原因は様々です。保育室にいられる活動と出ていく活動を観察し、いられる活動を他よりも増やしたり、外の刺激を間仕切りで防ぐ、好きな玩具を置くなどのサポートがお勧めです。

Message 保育の現場から

- 出たくなったら必ず担任に声を掛けることを約束し、ここならよいという場所を決めています。
- お部屋に戻るように声かけし、園庭に行かなければ追いかけません。

| 保育活動のとき |

保育活動に集中できずに、保育者の話を聞けない

ソワソワ、モゾモゾと集まりのときにじっとしていられない、声掛けしても人の話を聞いていないような子どもがいます。どちらも集中できないために起こるもので、周りの子にも影響を与えます。集中できる良好な環境作りがポイントになります。

みんなで集まっての歌やダンスのとき、うたわなかったり動かないなど活動に参加できない子どもには、いくつかの特性が考えられます。保育者はその特性を理解し、周りの子どもたちと同等の活動ができるようにしたいもの。できるだけシンプルな活動指示と、興味を引くような働き掛けが求められます。また、コーナー設置などの環境作りは、園全体での対応が必要です。

考えられる背景●と子どもの思い★

- 活動より、興味がある他の刺激のほうに、思わず反応してしまう。
- 次の活動のやり方がわからない。
- 注意したり、集中する力が弱い。
- ★ 何を言ってるのかわからないよ。
- ★ 一度に何個も言われてると、聞き取れないんだ！

〜 こんなサポートをしよう！ 〜

1 なぜ集中できないか、その理由を見つけて

　みんなが集まって行う「お集まり」の活動で、その子だけがソワソワしたり他の行動をするのには、いろいろな原因が考えられます。その理由にはやることが覚えられなくて不安、興味がないのであきてしまう、周囲が雑然としていて落ち着かないから嫌、などがあります。言葉の理解が遅い特性や集中する力が弱い子には、例えば人形を持ちながら話をすると視線が前を向き、集中する時間も増えることがあります。

2 子どもが興味を持てる活動のやり方とは

　周囲に気をとられ集中できなかったり、興味対象が狭く飽きっぽい特性の子どもが、みんなと一緒に活動へ興味を持ち参加できる方法を探ることが大切です。例えば絵本に関する道具や音の出るものを読み聞かせで使うなど、活動内容を変えずにその子の興味のあるものを加えた演出をするのもいいです。その子が興味を示し活動に参加できたら、しばらくそれを続け活動自体への興味につながるようにしましょう。

「そのとき」の声掛けは

- ボンッて時計が鳴ったら、次はみんなでお遊戯だよ。
- お人形さんと一緒に、先生のお話を聞こうね。
- ハトさんが来ていたんだね。園庭で、みんなで探そうか。
- ○○ちゃん、次はお着替えをして砂あそびだよ。

保護者への対応ポイント

　保護者に子どもの注意力不足などを強調するのは、不安感を招きます。「ちゃんとして」「お終いまでやりなさい」等の声掛けを控え、順番にやることを順序表や絵と言葉で伝える工夫を相談しましょう。

3 指示は短い言葉で、直接一つずつゆっくりと

　言葉の理解力が弱かったり、情報を一時的に整理する「ワーキングメモリ」が弱い子は、時に人の話を積極的に聞こうとする姿勢が見えなくなる場合があります。活動に参加したくても、指示ややり方が複雑すぎついていけなくなるのです。指示のポイントは、①ゆっくりと、②できるだけ静かな環境で、③名前を呼び関心を向け、④同時に2つ以上伝えず、⑤絵カードなど視覚も使い、⑥終える見通しを伝える、ことです。

Message 保育の現場から

- 絵本など「静」の活動では保育者が子どもを抱くか、そばにつき、絵本への興味を持たせるようにします。
- 集中できていない子には1対1で向き合い、小さな声で再度伝えます。

保育活動のとき

一人お昼寝しないで騒いでいる

そろってお昼寝をする園では、時間になってもなかなか寝つかず騒いだり保育室を出てしまう子がいます。睡眠リズムの乱れは、子どもの生活全般に関わる大切なもの。保育者には保護者と協力し合い、睡眠リズムを整える働き掛けが望まれます。

眠ろうとしても部屋が明るくて眠れない、隣の子の寝息が気になって眠れないなど、お昼寝できない子の理由はいろいろです。また、眠気がなくて退屈して、布団から出たくて騒いでいるのかもしれません。最も問題なのは、子どもの睡眠リズムの乱れです。それを整えるには、保護者との連絡を密にし、できるだけ生活リズムを確保できるようにすることが大切です。

考えられる背景●と子どもの思い★

- 子どもの生活リズムが、健全に保たれているか。
- 寝つき、寝起きが悪い特性を持っている。

★お人形がいないと眠れないんだ。
★暗くないとまぶしくて眠れないよ！
★眠くないのに寝ないとダメなの？

こんなサポートをしよう！

1 子どもたちの寝息や音、光や外の様子が気になる

物音に敏感に反応して、なかなか寝つけない子も多くいます。外の音や光が気にならない位置に、遮光カーテンや防音パネルを置いて窓から離れたところに寝かせるのがお勧めです。ちょっとした音にも驚く感覚過敏の特性を持つ子どもは、無理して寝かせずに「体を休める」ことを目的にゆっくりさせるようにします。また、どうしても眠れない子には、音の出ないあそびで静かに過ごしてもらうのもよいでしょう。

「そのとき」の声掛けは

- 先生が一緒にいるから、大丈夫だよ。
- 先生と握手して、おめめを閉じようね。
- ホールで一緒に遊ぼうか。
- すりすり、トントン、すりすり、トントンお眠りねー。
- 今は、しゃべらないよー。

2 暗いところにいると、怖くなって眠れない子には

刺激の少ない暗い状況では落ち着かないという、感覚鈍麻の特性も考えられます。しかし、暗いところで寝ることに不安を感じたり、そばに保護者がいない心細さで眠れない子も多いようです。保育者は寄り添って声掛けをしながら、胸元に手を置いたり、頭から顔を撫でてあげたり、軽く背中をトントン叩いてあげると安心します。また、家庭で寝るときに持っているものを、お昼寝に慣れるまで持ち込む対応策も。

3 起きている日や、すぐ眠った日など安定しない場合は

園でお昼寝していないのに、「深夜まで寝つかず、はしゃいでいる」「夜中に暴れたり叫んだりする」など、睡眠に問題を抱えている場合もあります。その場合、保護者も睡眠不足や心配で疲れ切っていることも考えられます。子どもが夜遅くまで起きていた日でも、毎朝同じ時間に起こしてもらうなど保護者の協力が不可欠です。「〇〇ちゃんが園にいる時間は体を休めてくださいね」など保護者を安心させる言葉も大切。

保護者への対応ポイント

保護者に子どもの生活リズムが乱れていないか、プライバシーに気をつけて確認しましょう。夜も寝つかないなら、寝る時間を習慣づけ安心感を与えるお話をするなど、援助のしかたを相談しましょう。

Message 保育の現場から

- 他の子が寝ているので起こさないように小さな声で語り掛けています。
- トントンしても騒ぐのをやめない子には、「広いお部屋に行こうか」とホールで一緒に絵本を見て過ごしました。

保育活動のとき

場面を転換すると、次についてこられない

園ではほとんどの活動の区切りごとに、気持ちと行動を切り替える必要があります。それは実は大人にも大変な作業で、子どもは葛藤と決断の間で心が揺れ動いているのです。「動→静」「外→内」など、子どもの場面切り替えのサポートが必要です。

登園したらお集まり、遊んだらお昼ご飯など、降園まで子どもは様々な場面の切り替えが求められています。しかし、スケジュール通りに切り替えられず、どうしても遅れてしまう子どもがいます。やめる機会を逸したり、ペースや愛着に固執するなど切り替えが苦手な子も多く、理解しやすい伝え方や方法が必要です。楽しく次の活動に移れるようなサポートをしましょう。

考えられる背景●と子どもの思い★

- 自分のペースで遊んでいて、切り替えのタイミングがわからない。
- 場面切り替えした後の見通しを持つことができない。

★ 初めてやるのは難しくて嫌だなー！
★ もっと続けて遊んでいたいんだ。
★ 工作できないけどやらなきゃダメ？

―― こんなサポートをしよう！ ――

サポート例 1 次の活動が苦手な子には、取り組む姿勢を褒める

急な予定変更や場所の移動が嫌いだったり、次の活動が嫌いなため切り替えができない子がいます。例えば好き嫌いがある給食や、動きが覚えきれないお遊戯が嫌いな子に対して、「頑張ってるね！」などと取り組んだことを褒めて、やり遂げなくてもOKとします。過去の失敗や嫌な思いを引きずっている場合は、部分的な参加や見学も方法。苦手な活動の後で、その子の好きな活動を約束するのもよいです。

「そのとき」の声掛けは

- どこまでやったら終わりにするか、決めようか？
- あと10まで一緒に数えておしまいにしようね。
- このまま置いておいて、お昼寝の後に続きをしようか。
- 時計の長い針が、ゾウさんの11まで来たら終わりね。

保護者への対応ポイント

保護者は家庭でも入浴や就寝など、日々場面切り替えの機会が多々あります。言葉での約束は必ず守る、できたら褒めるなど、保護者と連携して子どもの期待を裏切らない信頼関係の構築が大切です。

サポート例 2 あそびを切り替えられない子には、続きを明確に

今やっていることから次の活動に切り替えられない子には、熱中している世界を理解し、その子の心の動きに合わせて次の活動に導きます。「時間になったからおしまいね」と告げるだけでなく、「この続きはお昼を食べた後にしよう」というように、次にいつからできるかを明確に伝えれば、安心して切り替えに気持ちが向くはずです。また、切り替えのタイミングを合図や時計や動作で伝えるのもポイントです。

サポート例 3 次に何をしたらいいのか、視覚的に伝える工夫を

次にやることの内容を知らないと不安になり、今の楽しいことから切り替えができません。そんな場合は、次の活動や一日のスケジュール表、絵カードや写真、手順表などを見せながら説明するとイメージしやすくなり、見通しも持ちやすくなります。見通しが持てると自分から行動できたり積極的になります。知っているあそびから安心感を得ていると思われる場合は、次の活動を馴染みのあるものに設定するのもいいです。

Message 保育の現場から

・全体に声掛けをする前にその子に先に声掛けし、見通しを持たせます。
・今始めるとやめないと思うときは、「後5分でお片づけだけど始める？」と聞き、やる場合は「ここまでにしよう」と約束します。

第2章 シーン別・対応＆サポート実例

登園のとき｜保育活動のとき｜友だちとの関わり方｜ことばの問題｜行動の問題｜降園のとき

保育活動のとき

みんなと一緒の準備や役割ができない

給食の当番やお片づけ、花壇のお世話などクラスでの役割や準備を担うのは、社会性や協働の楽しさを学ぶよい機会です。しかし、自分の役割を理解できなかったり、やりたがらない子もいます。普段の観察をもとにその子に合ったサポートをしましょう。

自分のペースが他の子と違う子どもは、役割を与えられると不安になることもあります。また、言葉の理解が少し遅い特性の子や、他の子と一緒に活動するのが苦手な子もいます。保育者は他のクラスの担任たちと話し合ったりして、どこに原因があるのかを探りましょう。その子が上手にできた喜びや達成感、役立っているという満足感を味わえるようにしたいものです。

考えられる背景●と子どもの思い★

- 他の子と協力して、一緒に何かを行うことが苦手。
- 自分の役割や、準備したり手伝いをする意味が理解できない。

★ 早く動くのが苦手なんだ。
★ 遊んでいるのに手伝うのはイヤ！
★ 何を言っているのかわからないよ。

こんなサポートをしよう！

サポート例1 当番や役割をする喜びを知り、楽しく取り組めるように

まだまだ家庭以外での対人経験が少ない子どもには、他の人と一緒に考えたり、活動することは初の体験かもしれません。人見知りや消極的な性格の子は、役割はわかっていてもやり方がわからないのです。水やり当番にしても、「お水をかけてね」と言うだけでなく、「お花がきれいに咲くように、毎日お水をあげようね！」「お花がありがとうって言ってるよ」など役割を果たす楽しさと喜びを伝えます。

サポート例2 役割が理解できるように、伝え方を

言葉だけではみんなと協働する楽しさや、喜びを理解できない子どももいます。お集まりでクラスの役割を伝えるとき、簡単な絵や写真付きの手順表を使って、なぜ役割があるのかを説明し理解してもらいましょう。また、短期記憶で一度に覚えられる容量が他の子より少ない特性の子どもなら、理解力の個人差に応じて話すようにしてください。手順表を見せながら「先生と一緒にやろうね」と、とりあえず体験させてもいいです。

「そのとき」の声掛けは

- 待っているから、慌てずにしたくしようね。
- ○○組さん、次の話を聞いてくださいね！
- 1から5まで、予定表のように進んでいくよ。
- ○○ちゃんも、みんなと一緒にやってみようか？

保護者への対応ポイント

一人で考えて行うのが難しい特性がある子の場合は、先にクラスのスケジュール表を保護者に渡しておきます。保護者に「今日は○○ちゃんと遊べるね」などと、朝に話してもらうのもよいでしょう。

サポート例3 その子のペースで、一人でもできる簡単な係を

動作が他の子に比べてゆっくりだったり、手先が不器用で時間がかかる子どももいます。また自分のペースにこだわり、他の人と一緒に活動するのが苦手な場合もあります。そんな子には、例えば道具運びや花壇の土をならすなど、一人でできる簡単な係を作ります。子どもが満足感や達成感を持てるように「一人で運べてすごいね」「ありがとう。きれいになったね」など、直接感謝の言葉を伝えることが大事です。

Message 保育の現場から

- 使う用具を手に触ってもらう、詰めたら最後にリュックを締めてもらうなど、準備ができた手応えを感じられる関わりを持たせます。
- 準備、活動内容を簡略化して、その子だけの目標設定を意識しています。

保育活動のとき

紙芝居や制作活動など、興味がない活動はやらない

絵本の読み聞かせや紙芝居など、特定の活動が始まると関心を示さずに立ち歩いたり、違うあそびをしたりする子がいます。聴覚や触覚が過敏な特性だったり、いろいろな原因がありますが、その子の特性に合わせたサポートを考えてみましょう。

たくさんの人の中にいることに耐えられない子や、体が人と触れるのが苦手な子もいます。普段の観察からその特性がわかる場合と、興味を示さない理由がわからない場合があります。紙芝居などの活動に歌や掛け声など、子どもたちが参加できる工夫で興味を持たせます。それでも参加できないときは、席を後ろにしたり、自由コーナーで見学させるのもいいです。

考えられる背景●と子どもの思い★

- 絵本の語りの意味が理解できない。
- 大勢の人がいるザワザワした場所が落ち着かなくて嫌い。
- 人の話をじっと聞いていられない。
- ★紙芝居なんて楽しくないんだけど。
- ★どうして座って聞かなきゃダメなの。
- ★外で何か音がするよ。何だろう？

こんなサポートをしよう！

サポート例 1 興味が向かないのなら、個別にサポートも

興味が向かないのは、「活動が面白くない」「他のあそびがいい」「話が理解できない」など、いろいろな原因が考えられます。言葉の理解やコミュニケーションに不得手な特性がある場合は、聞くことを無理強いさせないようにします。子どもが参加したかったら参加させる、を基本に保育者が自由あそびのときに個別に読み聞かせをして、子どもの抵抗感や苦手意識をやわらげていくようにするのもよいサポートです。

「そのとき」の声掛けは

- ○○ちゃんは、端っこに座って紙芝居見ようか。
- 先生に合わせて、大きな声を出せるかな？
- ○○ちゃんの好きな絵本を選んでみようか。
- お友だちが聞けるように、お口にチャックをしようね。

サポート例 2 触覚過敏や聴覚過敏が考えられるとき

好き嫌いという気持ちの問題でなく、子どもの身体機能に関わることですから、物質的、実際的なサポートが重要です。他の子と肩が触れ合うような輪の中にいるのは、その子には耐えられないことです。保育者の声に集中することも難しいため、紙芝居や読み聞かせは広いスペースで子ども同士の間隔を十分に空けます。また、できるだけ保育者のそばに席を取る、逆に離れたところに席を作る、の2点がポイントです。

サポート例 3 物語の展開やストーリーが理解しやすくなる工夫を

関心や興味はあるが言語の理解につまずきがある場合や、集中力が持続しない子どもには、日常の他の場面での様子の観察が大事。どの傾向が強いかがわかれば、例えば効果音や身振り手振りを入れる、仕掛け絵本を増やすなどして理解を補助します。紙芝居などでは身近な物事がテーマのものを選び、パネルシアターを活用するのもよいです。また、読み始める前に声掛けや歌を練習し、参加意欲を高めるのもお勧めです。

保護者への対応ポイント

子どもの興味対象が狭かったり動き回ったりする特性は、特別なものではありません。保護者とコミュニケーションをとり、好きな活動を伸ばせるようなサポート方法を共有するのもよいでしょう。

Message 保育の現場から
- 制作活動なら「遊ぶものを作ろう」など、目標を定めた活動にします。
- 興味を持って学んでいけるように、「今日はライオンさんの大冒険だよ」など先に本児に声掛けをして関心を向けさせています。

> 保育活動のとき

終えていないのに一人で別のことを始める

みんなであそびや活動をしても、じっくり最後まで取り組めず途中で放り出して他のことを始める子。飽きっぽいのか集中力が弱いのか、それとも別の原因があるのでしょうか？ 子どもの移り気を観察し、その子が集中できるようにサポートしましょう。

積み木など一つのあそびを、なかなか最後まで続けて遊ぶことができないのは、「感情を素直に表現する」ということの裏返しでもあります。しかし、次から次へと気が変わってその場を離れたりするのは、周りの子どもに迷惑をかける場合もあります。遊んだ後の見通しが持てない、あそびのルールがわからないなどに対し、声掛けから原因を見つけましょう。

考えられる背景と子どもの思い

- 衝動性が強く、思いとどまることができない。
- 遊び続けてどうなるか、見通しが持てないからやめたい。
- ★つまらないから、飽きちゃったんだ。
- ★あっちのあそびのほうが気になる！
- ★どうして終わっちゃいけないの？

こんなサポートをしよう！

サポート例 1　飽きっぽい子どもには楽しい遊び方を伝える

すぐに飽きるのは集中力が弱かったり、感情の起伏が激しく気が変わりやすいなどの特性があるからかもしれません。例えば朝のお集まりなどに好きな絵本を持たせ、「このページまで見ようね」と2人で約束しておくと、最後まで参加した例もあります。また、その子がその活動の楽しさを理解していないこともあります。保育者が一緒に遊んで遊び方やアレンジの楽しさを探るなどして、興味を高めるのもよいです。

「そのとき」の声掛けは

- お外に行くときは、絵本を片づけようね。
- コーナーに移って、先生と一緒に絵本を見ようか。
- 積み木は、お友だちに手伝ってもらってもいいんだよ。
- すごいね！ そこまでできたんだね。

サポート例 2　頑張りを認める声掛けでやる気を引き出す

そのあそびに見通しがついていなかったり、自分でうまくできないことに飽きてしまう子もいます。それには「それカッコいいね」「もうすぐ、できあがりかな？」と、状況を見ながら子どもにこまめに声掛けをします。他の人に認められることで、自分に肯定的になり自信がわきます。どうしてもできない場合は、友だちや先生に「手伝って」と言ってもいいことを伝えれば、安心して参加することができます。

サポート例 3　放り投げたときはメッセージなどの環境作りを

活動の途中で席を離れることが多い子には、「途中だけど戻ります」「途中！触らないで」などのカードをその席に置き、周囲にその子が離れている旨のメッセージを伝え混乱を防ぐ方法もあります。制作活動ではその子の得意なものをさせてもよいです。また、何度も途中で離れる場合は「お片づけは？」とその子に伝え、クラスのルールを守らせることも大切です。

保護者への対応ポイント

落ち着きのなさや飽きっぽい特性は、保護者も気づいていると思います。視界に入ったものに気が移るのも、「好奇心旺盛で積極的だ」とも言えます。気にしすぎないようアドバイスするのも大切です。

Message 保育の現場から

- 刺激となるような不要物は視界から外し、活動の際は教材を必要なときに一人ひとりに配るようにしています。
- 活動を終えたら次に移るように約束し、できたらタッチをします。

保育活動のとき

散歩や移動で勝手に列を離れる

散歩の時間は園外での活動になりますので、予期せぬ事態も少なくありません。車や自転車の往来、経路状況の見極めなど、配慮すべきことが多い時間で、その中で列を離れてしまう子への対応は、安全確保の面からとても大事なことです。

いくら注意しても、何かに気をとられて列を離れてしまうような子どもは、集中力不足や心情面などが関係していることも考えられます。安全面もありますので、保育者が手をつないで、列に戻すことが何よりすべきことですが、手をつなぐことを嫌がったり、友だちと歩くことの意味が理解できない子もいます。

考えられる背景● と子どもの思い★

- 興味や関心が移りやすい。
- 周囲の状況や他の人の心情を意識することができない。
- 集団での行動を苦手としている。
- ★ どうしてみんなと歩くのかな。
- ★ 手をつなぎたくない！
- ★ そっちに楽しいことを見つけたの。

― こんなサポートをしよう！ ―

みんなで歩く楽しさを教える

　みんなで歩くことが、最初のうちは難しい子もいます。集中したり、周りの友だちと協調するのが苦手なケースもあります。まずは安全性を確保した上で、列を離れた理由を子どもに聞き、例えばもしもアリに興味を持ったのであれば「○○ちゃんがアリ見つけたよ！」などとみんなで興味を持ったことを共有し、集団行動の楽しさ、散歩の楽しさを理解させます。その上で、列を離れることの危険性を教えます。

集団での歩き方のルールを保育者が率先して

　列になって歩く際のルールを保育者も実践します。①歩道で列を乱さずに歩く、②信号が赤になったら止まる、③隣の子の手は離さない、などを保育者が率先し、「赤になったよ」などと大きな声を出して集団としてのルールを理解させていきます。集団の中でルールを守る大事さを意識できていない子どもであれば、「列を離れたら○○ちゃんも困っちゃうよ」などと相性のよい子の名前をあげて説明すると理解しやすいでしょう。

「そのとき」の声掛けは

- アリさんをみんなにも見てもらおうか。でも次からは列から離れないお約束は守ろうね。
- お友だちと手をつなぐと楽しくなってくるね。
- 電車ごっこするからロープを握っていてよ！

保護者への対応ポイント

　子どもが列から離れてしまうことと、そのときの状況を伝え、危険であることを保護者と共有しておきます。家庭でも、子どもと外に出る機会を増やしてもらい、外歩きに慣れてもらうようにします。

手をつなぐことを日頃のあそびに

　手をつなぐのを嫌がる子は、日頃の園内でのあそびで手をつなぐ経験をたくさんできるようにします。昔ながらのあそびである「手つなぎオニ」や「花いちもんめ」などを取り入れることで、散歩の際に手をつなぐことの拒否反応をやわらげることができます。また、散歩の最中に電車ごっこに設定して、みんなに1本のロープを握っておいてもらうと、子どもが列から離れることを防げます。

保育の現場から

- こまめに休憩ポイントを設けて、みんなでしゃがんで草木や虫を見るなど、散歩の楽しさを感じてもらうようにしています。
- 飛び出すと危ない場所は、その子を抱っこするようにしています。

保育活動のとき

みんなと同じペースで歩けない

体の発育の差が出てくると、自ずと運動能力にも差が出てきます。運動会の行進や散歩などでも、一人だけ同じペースで歩けない、といった子どももいます。時間が解決することでもありますが、保育者が意識して適切なサポートをすることが求められます。

園の行事や活動では、みんなで行進したり、列を組んで歩いたりする場合があります。そういった活動で他の子と同じペースで歩けない子がいた場合、保育者は適切にサポートする必要があります。まず保育者は、なぜペースを合わせられないのか、その子から理由を聞き出し、適切な対策をするようにします。

考えられる背景● と子どもの思い★

- その子のペースと、みんなが歩くペースとが合わない。
- 歩くとすぐに疲れてしまう。
- 体調がよくないことを、うまく言葉にできない。
- ★ 何で合わせなければならないの。
- ★ 運動なんて嫌いなんだ！

こんなサポートをしよう！

サポート例 1 頑張りを認めてあげ見学に

運動会の行進などの活動で、他の子たちのペースについていけない子がいたら、そのペースについていくことを無理強いする必要はありません。発育の程度は違いますし、歩くという基本的な行為は急に能力が高まるものではないからです。保育者としては子どもが頑張ったことは認めてあげつつ、保護者も一緒に見学させるとよいでしょう。そして、その子がまた興味を持ったり、体力が回復したら参加させましょう。

「そのとき」の声掛けは

- よく頑張ったね。疲れてるなら少し休もうか？
- あそこにお花が咲いているから、あそこまで歩こうね！
- 〇〇ちゃんは今、どんな気持ちなのかな。絵を見て、自分の気持ちに合うものを教えて！

保護者への対応ポイント

体力面が原因ならば、家庭でその子の筋力アップをはかるように提案をします。また、寝不足など生活リズムが原因の場合もあるので、保護者にその点を確認して、必要に応じて改善を求めます。

サポート例 2 体力をカバーするために短い目標を設定

散歩で他の子より遅れる場合、筋力がなく体力的なことが理由であれば、保育者が「次の電柱まで歩こうね」などと近くの目標を設定し、達成感を与えます。散歩や行進のようなゆっくりした動きは思いのほか筋力が必要となりますし、脳の前庭覚が未発達なためゆっくりした動きが苦手な子もいます。能力を向上させるためにも、歩くのに適した筋力がつくあそびを、日頃から意識的に取り入れるようにします。

サポート例 3 「疲れたから」という子の真意を探るための工夫を

ペースについていけない理由が、「疲れたから」であっても文字通り受け止めてはダメ。言葉として伝えられないだけで、体力的な疲れだけでなく、その活動自体をやりたくないと思っているか、そもそも体調がよくない可能性もあります。特に普段は同じペースで歩ける子であればなおさら、いろいろな理由を想定するべきで、この場合は理由を図化した絵カードなどで真意を把握しやすくするようにします。

保育の現場から Message

- 子どもの気持ちを考えて、活動を見学させる場合でもしっかりとそこまで頑張った点を褒めるようにしています。
- 日頃からその子の筋力がつくようなあそびを意識して行っています。

> 保育活動のとき

手洗いのとき、水あそびをする

夏場の水あそびは、子どもにとって大好きなあそびの一つですが、過剰に水に触ることを好む子がいます。誰かが止めないとずっと水で遊んでいたり、手を洗う場面で友だちが後ろで待っていても手洗いを続ける、といった行動があげられます。

手洗いのときに水あそびをしてしまう子は、水がキラキラと光るのを見て楽しんでいることが多いです。また、水が皮膚にあたる感覚が気持ちよくてやめられないと感じている子もいます。どちらにしても、友だちが手洗いするのを待っていても、周りを気にすることなく自分の世界に没頭してしまう傾向にあります。

考えられる背景●と子どもの思い★

- ●視覚面の刺激や感触が気持ちを満たしている。
- ●視覚・触覚過敏がある。
- ●夢中になりすぎて時間経過がわからなくなっている。
- ★水って気持ちよくてキレイだな。
- ★ずっと触り続けていたいよ！

～～～ こんなサポートをしよう！ ～～～

サポート例 1 手洗いの終わりを知らせるための仕掛けを

手洗いの際に水あそびをしてしまう子は、終わりがわかっていないことが理由の一つにあげられます。保育者が蛇口を閉めて水あそびを中断すると、気持ちが落ち着かず泣き出してしまう子もいます。手洗いの終わりをはっきりさせるためにも、タイマーや砂時計などを仕掛けることで終わりを知らせてあげるようにします。事前にルールを説明しておけば、子どもも気持ちの整理がつきやすくなります。

サポート例 2 似た刺激が得られる他のあそびを

「お花にお水をあげようか！」などと、水を使った他の活動や感覚あそびを子どもに提案します。感情のコントロールができていない子であっても、同じような刺激が得られる楽しいあそびをすすめれば、素直に手洗いをやめてくれる可能性が高まります。事前に、手洗いが済んだら給食やおやつなどの楽しいイベントが待っていることを伝え、水あそびにだけ夢中にならないようにするのも一つの方法です。

「そのとき」の声掛けは

- 砂時計の砂が全部落ちたら、お友だちに替わろうね。
- お友だちの〇〇ちゃんが遊ぼうっていっているから、手洗いはもうやめよう！
- 手洗いのお歌が終わったから次のお友だちとかわるよ。

保護者への対応ポイント

家庭でも、手洗いなどの際に水あそびをしてしまう傾向があるか確認します。そして、手洗いの歌が終わったら手洗いをやめるなどのルールを家庭でも実践してもらい、習慣づけてもらうようにします。

サポート例 3 手洗いの方法と手順をルールに

あらかじめ手洗いの具体的な方法を決めておき、石鹸をつけるタイミング、指と指の間や手首なども洗うことなど、手順をしっかりと教えておきます。手洗いの歌などもうまく使い、うたい終わったら後ろに並んでいる友だちにゆずることをルールとして定めます。それでも手洗いに夢中になるようであれば、「みんな待っているから、いったん離れて列の最後に並んでね」と意識を切り替えさせます。

Message 保育の現場から

- 水あそびに夢中になっている子どもに対しては、とにかく意識を他にそらすような対応を心がけています。
- 石鹸メーカーが出している手洗い歌は楽しくて水あそび防止に最適です。

第2章 シーン別・対応&サポート実例

登園のとき｜保育活動のとき｜友だちとの関わり方｜ことばの問題｜行動の問題｜降園のとき

保育活動のとき

高い所から飛ぶなど危険な行為をする

やっていいことと危険なことの判断がつかない子がいます。そんな子は高い所へ登り、そこから飛び降りるなどの行為を繰り返しがちです。注意していても発生するので、ケガから守るためにも理由を明らかにすることが第一です。

危ない行動をとる子どもは、想像力に欠けていることが多いですが、ケガをしたとしても繰り返し同じ行動をとる場合があり、その理由はいくつか考えられます。注意しても聞き入れてくれないケースも少なくありませんが、大ケガをしてからでは遅いので、その子に合った適切な対処をする必要があります。

考えられる背景●と子どもの思い★

- 高い所にいる感覚や、危険な状態にあるスリルが好きである。
- 大人の関心をひきたい。
- 自分の身に起こる危険なことが予測できなかったり、忘れてしまう。

★ 見て見て！こんなことができるんだよ！
★ 全然怖くないし、気持ちいいよ。

― こんなサポートをしよう！ ―

1 危ない状況を生み出す環境をすべて改善

やらなければならないのは、危険なことができるような状況を改善することです。①高い所に上がれないよう、台になるものは置かない、②床にマットを敷く、③危険なものは鍵をかけて棚にしまっておくなど、ケガのリスクを徹底的に取り除きます。一方、危険な行為をしたいという子どもの気持ちを満たすため、滑り台やブランコといった遊具など、安全が確保されている方法で遊ぶよう保育者が導きます。

「そのとき」の声掛けは
- こちらの遊具のほうが楽しいから、こっちで遊ぼうよ！
- そこから飛んだら危ないから、ゆっくりと降りようか。
- 高い所から落ちたら足を痛くして、病院に行くようになっちゃうよ。

2 危険な行動をとっても大騒ぎしない

保育者に注目してもらいたいがために、わざと危険な行動をとる子どももいます。高い所に登ってしまったのであれば、大声で注意しても効果はありません。まずは安全確保のため、マットを敷いた上で、ゆっくりと降りてくることをやさしく促します。そういった子には日頃から意識的に声をかけ、いつでも関心を持っていることを示してあげれば、保育者の目をひくための危険行為はしなくなっていきます。

3 危ないことが想像できないならば言葉や絵で

想像力や見通しが弱く危険性が理解できない子には、絵などを使って繰り返し教えます。窓の枠や園庭の木や塀などにストップマークをつけても危険行為の抑止になります。また、高い所から飛び降りたい衝動は、子どもにとって心の満足と安定を求める行為であることもあります。子どもがそんな素振りをしているときは、保育者がマットを敷いた比較的低い所を用意し、保育者監視のもと飛ばせるようにします。

保護者への対応ポイント

父親が下で受け止めてあげるなどして、家庭で高い所から飛ぶ行為をしている場合があります。子どもは園でも誰かが受け止めてくれると思っている場合もありますから、危険性を共有しておきます。

保育の現場から
- ケガだけは避けたいので、安全対策に重点を置いています。
- その子の体力的なエネルギーを他のあそびで解消させています。
- 声色を変えて危ないことを伝えるようにしています（トーンを低く）。

保育活動のとき

片づけができず よく物をなくす

おもちゃで遊んだら片づけますが、片づけができない子、苦手な子がいます。片づけは、場を整えると同時に結果を見通すことにもつながり、健全な心の発達にも大きな意味があります。片づけが苦手な子の中には、物をなくしやすい子も多いです。

片づけられない子どもは、片づけるということがどういうことなのかを理解できていない場合があります。また、なぜ片づけをしないといけないのかという疑問を感じていたり、片づける行為が持続できない子もいます。集中力に欠け、気がそれやすければ、物をなくしてしまうことにもつながってきます。

考えられる背景●と子どもの思い★

- ●片づけの意味を理解していない。
- ●しまい方やしまう場所がわからない。
- ●片づけの途中で他のことに関心や興味が移ってしまう。
- ★どうして片づけなくちゃいけないの？わからないよ。
- ★まだ遊んでいたいな。

― こんなサポートをしよう！ ―

1 片づけやすいように目印を

　片づけられない理由として、どこにしまうのかもわからない子もいます。その場合、おもちゃや道具に目印のシールを貼り、同じシールが貼ってある棚や収納ケースに戻せばいいようにする、といった工夫が有効です。「早くお片づけできた人は誰かな？」とゲームの要素を取り入れてもいいですし、「先生のお手伝いをしたい人は？」など、保育者を助ける意識を持たせる方法も効果があります。

「そのとき」の声掛けは

- 同じシールのついている棚に戻そうね。
- 先生困ったなー、誰か助けてくれないかなー。
- さあ、本を読んだら本棚に戻してお片づけして、ご飯にするよ！

2 あそびから片づけに切り替わるタイミング

保護者への対応ポイント
物を使ったら元にあった場所へ戻す習慣が身につけば、自然と片づけができるようになります。家庭でも、自分の物を認識させ、片づける練習を行ってもらうようにお願いします。

　園ではあそびが終わったらみんなで片づけをしますが、片づけのタイミングがわからない子もいます。そんな子は、みんなが動き出しても、あそびに夢中になっていて切り替えができません。保育者が「みんなで片づけようね」と言っても、自分が『みんな』に含まれていることがわかっていない子もいます。対策としては、まだ遊びたい気持ちに同意を示しつつ、あそびが終わったことを伝えて片づけを促すようにします。

3 注意がそれたら、保育者が手本を

　片づけの途中であそびに夢中になってしまうなど、気持ちが片づけ以外のことにいってしまう子もいます。そんな場合は、「本はこの棚にしまうよ」と保育者が手本を見せながら一緒に片づけ、その子がうまく片づけられたら褒めて達成感を感じてもらうようにします。注意がそれやすい子は物をなくすことも多いですが、「お家の人がせっかく買ってくれたのだから大事にしようね」と伝えるようにします。

Message 保育の現場から

- 片づけの意味がわからない子には「○○くんは片づけが上手にできているよ」と身近な友だちの行動を通じて、その必要性を理解してもらいます。
- 「黄色いブロックをカゴに入れてね」などと伝え方を工夫しています。

保育活動のとき

泣き出すと止まらず泣きやまない

少し注意されたり、自分の思い通りにならなかったり、自分の意見を言葉でうまく表すことができなかったりしたときに、大声で泣いて泣きやまない子がいます。このような場合、まずは冷静にさせて、気持ちを切り替える機会を設けるようにします。

泣きやまない子は、冷静にさせることが重要で、叱りつけたり、泣くのをやめるように言うのは逆効果です。冷静にさせるためには、居場所を変えたりすることが有効で、そばでじっと見守って落ち着くのを待つようにします。泣き声が小さくなってきたら、どうしてそんなに嫌だったのか、やさしく聞くようにします。

考えられる背景● と子どもの思い★

● 不安や恐怖が高まり、気持ちをコントロールできなくなっている。
● 一方的に怒られたと思っている。
● 嫌な気持ちを言葉で表現できない。
★ 怒られて怖いよー！
★ おもちゃとられたのがすごく嫌だったんだ。

こんなサポートをしよう！

サポート例 1 叱ったのではないことを理解させる

大切なのは子どもの立場になって理解することです。もしも保育者が子どもを注意したことを、怒られたのだとその子が受け取ったのであれば、子どもにそうではないことを伝えましょう。そして「危ないからこうしてほしかったんだよ」などとやさしく説明し、理解してもらいます。友だちに嫌なことをされたのなら、子どもの目線で嫌だった気持ちに共感を示し、落ち着かせることが大切です。

「そのとき」の声掛けは
- 先生は叱ったんじゃないから、泣かなくても大丈夫だよ。
- ちょっと落ち着いてきたね。もう、大丈夫だよ！
- 嫌なことがあったのに、自分で泣きやむことができてすごいね。

サポート例 2 静かな環境に移動させて見守る

落ち着きを取り戻させるには、静かな環境に移動させることも有効です。保育者がそばにいることが基本ですが、少し離れたところで見守るほうがよい場合もあります。嫌な気持ちをうまく表現できるくらいに子どもが落ち着いてきたら、タイミングを見はからって泣いた理由を聞きます。その理由に共感しつつ、手のひらに人の字を指で書くなど、気持ちを切り替えるおまじないを教えるのも効果的です。

サポート例 3 少し落ち着いてきたらよく褒めて

泣き声が小さくなって、少し落ち着いた様子になったら、子どもが自分で立ち直ったことを、保育者は必ず褒めましょう。褒められたことで子どもは安心感を感じますし、泣きやんで褒められたという経験から、今後、パニック状態に陥ることを自己防止する力が身につきます。泣きやまなかった状況は保育者が記録しておき、再度泣きやまなかった際に役立てましょう。

保護者への対応ポイント

泣きやまなかった事実を伝え、家庭での状況を確認します。もし家庭でも同様な状況があるとしたら、すぐに叱りつけたりしないよう伝え、子どもの気持ちが切り替えられる方法を提案します。

Message 保育の現場から
- お茶を飲ませたり、好きな絵本を読んであげたりして落ち着かせます。
- その子を抱きかかえながら「トントン」と体を軽く叩いたり、声掛けをして、落ち着くのを待つようにしています。

> 保育活動のとき

園のトイレに行けず一人で用がたせない

おむつを外す前に入園してくるようなケースだと、トイレに行けない子も多くいます。また、家のトイレと違うということも、トイレに行けない理由になります。用をたすことは生活の中で基本的な行為になるため、少しずつ確実に改善していくようにします。

トイレに行けない子には、さまざまな要因があります。大きくは、おむつがまだ取れていないケース、また園のトイレに馴染んでいないケース、トイレで排泄する意味やタイミングが理解できていないケースなどです。子どもがどの理由でトイレに行けないのかを理解し、理由にあった対策をとるようにします。

考えられる背景●と子どもの思い★

- まだ普通のトイレを使った経験がない。
- 家のトイレと違うので安心できない。
- 匂いやスリッパなどが不慣れ。
- みんなと同時に、同じトイレを使うのに慣れていない。
- ★トイレは暗くて怖いよ。
- ★トイレにいつ行くのかわからない！

～～～～～～ こんなサポートをしよう！ ～～～～～～

1 スケジュールに トイレタイムを組み入れる

　前もって、園のスケジュールにトイレタイムを組み入れて、子どもにも伝えておきます。トイレが怖くて一人では行けない子であれば、みんなとの行動で抵抗なく用をたすことができますし、匂いなど少々の抵抗感も気にならなくなります。トイレに入りやすいよう、個室のドアにキャラクターの絵を貼る、待つ位置にマークをする、などの工夫がお勧めです。みんなとトイレで用をたすのを嫌がる子もいますので、その場合は個別に対応します。

2 子どもが用をたすのを 見守る

　おむつがとれたばかりで、トイレで用をたすのに慣れていない子は、少しずつ慣らしていくようにします。保育者が一緒にトイレに入り、パンツの下げ方から便器の座り方などについて、繰り返し教えてあげます。触覚が敏感な子であれば、便器に座った際の温度も気になるので、便座カバーなどを使い違和感を感じないようにしておきます。用がたせるまで寄り添って見守り、うまくできたらよく褒めましょう。

「そのとき」の声掛けは

- さあトイレタイムだよ。みんなでトイレに行こう！
- よくトイレの水が流せたね。今度は一人でできそうだね。
- トイレに行かないと「臭い臭い」だから、必ず行くようにしようね。

保護者への対応ポイント

　家庭でのやり方に慣れていると、それ以外で用をたせなくなってしまうことがあります。保護者には、外出先などいろいろな場所、形のトイレを子どもに使わせることをすすめます。

3 絵カードで子どもに 意思表示を

　トイレに行くタイミングがわからない子や、あそびに夢中になってトイレへ行くのを忘れてしまう子もいます。お漏らし防止のため、尿意をもよおしたと感じたらトイレのマークの絵カードなどを使って、子どもに意思表示をしてもらうように教えます。もしも漏らしてしまった場合は子どもを落ちつかせ、トイレに行かないと気持ちが悪いし、臭くなってしまうことを学んでもらい次回へつなげるようにします。

Message 保育の現場から

- 園の小さな子ども用のトイレに慣れていない子は、職員の大人用のトイレならばできるケースもあります。
- トイレに入る、スリッパを履く、といった行為を段階的に教えています。

> **保育活動のとき**

着替えやしたくに時間がかかる

着替えやしたくを、家では保護者に手伝ってもらっている子どももいます。そのような子どもは服を自分で着る手順がわかっておらず、園での着替えの際もボーッとしていたり、着替えにひどく手間取るということになりがちです。

体の動きが思うようにできなかったり、着替え方がわからなかったりといったことが理由で、着替えやしたくができない子どもがいます。また、着替えに意欲を示さない子どももいます。保育者としては、すぐに手伝うだけでなく、何が原因なのかを見極めて、子どもに合った適切な支援をしていくことが求められます。

考えられる背景●と子どもの思い★

- 自分の手足の動作が、思うように行えない。
- 自分で服を着るという経験がなく、手順や方法がよくわかっていない。
- 着替えに集中できていない。
- ★ うまく手が入らないからイヤだ!
- ★ どうして着替えるのかな?

～ こんなサポートをしよう！ ～

着替え方をていねいに教える

　まだ自分の体をうまく動かすことに慣れていない子どもにとって、着替えは難しい行為です。着衣にはいくつかの流れがあり、時間をかけてその流れを教えてあげることが大切です。特に、ボタンやファスナーをかけることは細かな動作も多く、難易度も高いです。そのような行動が苦手な場合は、園の服は大きめのボタンに変えたり簡単に着られる服を選ぶなどして、自分で服を着る経験を増やしてもらうようにします。

「そのとき」の声掛けは

- まずは腕に袖を通して！次にもう片方の袖も通すよ。できたら先生に教えてね！
- ○○ちゃんと同じように着ていこうね。
- 着替えが終わったら、みんなでお昼ごはんにするよー。

保護者への対応ポイント

　園で着替えやしたくができない子どもは、家庭で保護者が手伝っていることが多いです。着替えやしたくの技術を身につけるためにも、家庭でもできるだけ子どもにやってもらうことをすすめます。

パーテーションで着替えに集中

　集中力がなく、外の様子や着替え以外のことが気になってしまう場合は、環境を整えてあげることが大切です。周囲が気になるのであれば、パーテーションやつい立てで囲って、周りに気をとられないよう整えてあげましょう。保育者は時折声を掛けながら、スモールステップを定めます。袖にうまく手が通ったり、ズボンに足がうまく入るなど、一つずつでも手順ができたならば、その都度、褒める言葉掛けをします。

着替えやしたくの時間を意識させる

　集団のペースに合わせることが苦手だったり、時間内に物事をするという感覚がない子どもであれば、砂時計や時計、タイマーを使ってあそびのような演出をしていきます。「○○ちゃんと同じようにお洋服を着ていこうね」などと、目標にする友だちを決めてもよいでしょう。友だちから遅れるようならば、声掛けをして援助していきます。また、その後の楽しい予定を伝えて、着替えやしたくを促すのも方法です。

保育の現場から

- 「自分で着替えられるとカッコイイよ！」と、子どもが着替えをしたくなるような声掛けを意識しています。
- かわいいキャラクターの服を選ぶと、着替えがスムーズになります。

| 保育活動のとき |

園や人前で性器を触っている

人前で性器を触るという行為は、保育者としてもやめさせたいところです。しかし、子どもの世界でシモにまつわることは深刻なタブーではありません。衛生問題を除けば、強制的にやめさせなければならないほどの行為ではないと考えておきましょう。

性器を触るという行為は、子どもが何かしらのストレスを抱えている可能性も考えられます。保育者は、まずはその背景に何があるか確認するようにします。自分が何かをできないことで不安を感じているのではないか、友だちとの関係でストレスを感じているのではないか、などその理由を突き止めた上で対応します。

考えられる背景と子どもの思い

- ストレスや不安を感じており、性器を触ることで安心を得ている。
- 性器を触った感覚が好きなため。
- ★ みんなうまくできているけど、僕はうまくできないから嫌になってきたよ！
- ★ することが何もないよー。
- ★ 触ってると落ちつくんだ。

― こんなサポートをしよう！ ―

サポート例 1 　不安を解消するような あそびを提案

　みんながやっているあそびができなかったり、あそびに加われなかったりと、不安になっていることが性器を触る原因になる場合があります。保育者はどういうときに触りたくなるのか子どもに聞き、不安を感じているのであれば好きなおもちゃで遊んだり、粘土など触覚を刺激してくれる他のあそびを提案します。また、「○○ちゃんも入れてあげてね」と、友だちの輪に入れるように保育者が声掛けをします。

「そのとき」の声掛けは

- 触ってばかりいないで、こっちで遊ぼう！
- 見られちゃうと恥ずかしいからやめようね。
- 触ると安心するんだね。そんなときは園では、粘土を触るようにしようか。

サポート例 2 　性器を触る行為が 恥ずかしいことだと教える

　子どもにはプライベートゾーンという認識がありません。保育者が理由を聞いた上で「やめなさい」というのではなく、「みんなの前だと恥ずかしいから一人のときにしようね」など、性器を触ってよい場所やタイミングを伝えましょう。また、保育者の関心をひきたくて性器を触る子もいます。このような場合は、いつもその子を見ていることを伝えつつ、性器に触ることを「おかしいね」とやさしく諭します。

サポート例 3 　異常なまでの執着は、 児童虐待の可能性も

　いくらやめるように伝えても、性器を触ることをやめられない子どももいます。その原因が性的虐待という可能性もゼロではありません。まず体に異変がないかチェックを行い、日常の言動を注意深く見守り、園全体で共有することが第一です。幼児の性的虐待の加害者は身近な人であることが大半ですので、保護者の様子も観察しつつ、園や自治体のガイドラインに則った対応を早急に行っていきます。

保護者への対応ポイント

　プライベートゾーンでやっていいことと、悪いことの違いについて、家庭でも教えるように伝えます。大人の気をひく「お試し行動」を家庭でしていないかなど、普段の行動も確認します。

Message 保育の現場から

- 性器を触ったのを見つけたら、すぐに手を洗わせます。清潔感を感じてもらうことで、次に触ることの予防にもなります。
- 子どもの好きなあそびに誘って、性器をいじるのを忘れさせています。

保育活動のとき
あそびのルールを理解しない

みんなで遊んでいる中で、あそびのルールが守れない子がいます。遊具の順番を待っているのに、列に割り込んでしまうような例です。他の友だちにその子と遊びたくないと思わせないためや就学後のためにも、ルールを守れるような支援が求められます。

あそびのルールが守れないと、他の友だちから嫌がられ、結果として園で孤立してしまうことにもなりかねません。そもそもルールがあるということを理解していない場合もありますので、楽しく遊ぶための約束がルールであることを伝えます。絵カードや手順表でルールをクラスで共有しておくようにします。

考えられる背景●と子どもの思い★

- あそびのルール自体について理解できていない、興味がない。
- ルールはわかっているが、忘れてしまったり、自分の衝動が抑えられない。
- ★ このあそびのルール、難しくってよくわからないよ。
- ★ 自分がやりたいようにしたいよ！

こんなサポートをしよう！

サポート例 1 ルールを守れるように工夫を

ルールがわかっていない場合は、理解しやすいような工夫をします。順番に並ぶというルールが守れないならば、保育者が列の一番後ろに並ばせて、前の友だちの肩に手を置いて待つことを教え、いずれ自分の番が来ることを理解してもらいます。またあそびでは、簡単なルールのあそびを選び、ルールに慣れてもらいます。鬼ごっこならば鬼に赤い帽子をかぶらせるなど、視覚的にもわかりやすくします。

サポート例 2 絵を使ってルールの大切さを

ルールを忘れてしまう子どもであれば、絵カードなどを使ってルールの大事さを理解してもらうようにします。ルールを守らないと、周囲の友だちは嫌な気持ちになることも教えます。鬼ごっこで鬼になったら泣き出してしまう子もいますが、あそびを始める前に自分が鬼になることも説明しておき、泣いたらやさしく「嫌だったんだね」と悲しくなったことに共感し、その上でルールを守ることを伝えます。

「そのとき」の声掛けは

- みんながブランコをするのに並んでいたら、一番最後に並ぶのがお約束だよ。
- お約束を守らないと、お友だちが悲しくなっちゃう！
- ○○ちゃんもルールを守っているから真似しようね。

サポート例 3 周囲への注意を向けるような声掛けを

ルールが守れない子どもは、周りのことが見えていない、関心を示さないというケースも少なくありません。そのような場合、「お友だちはどうしているのかな？ ○○ちゃんはお片づけを始めているね」と、周囲に関心を向けるような声掛けを保育者が行います。そして、友だちの行動に関心が向いたら、同じように行動することをすすめ、行動できたらすぐに子どもを褒めることが次へのステップにつながります。

保護者への対応ポイント

家庭でもルールを守るような教えをしてもらうよう、保護者に伝えます。例えば、起きたら「おはよう」をする、次に歯をみがくといった基本的なルールの積み重ねが重要であることを共有します。

Message 保育の現場から
ルールを守れない子には、どんなことでもいいので自分でルールを作ってもらって、そのルールを守ってもらうようにしています。そうすることで、他のルールについても守る姿勢が生まれてきます。

保育活動のとき
体を動かすあそびが苦手

体を動かすことを苦手とする子どもは、歩くのも走るのも得意ではありません。子どもなら喜んでするダンスやスキップ、かけっこ、ケンケンパなどのあそびは好まず、体を動かさないため、さらに体力面で他の子どもと差がついてしまう傾向にあります。

子どもの体力は、あそびを通して身につきます。あそびには走ったり、跳んだりといった体を動かす基本的な動作が含まれているため、体を使って遊ぶことは、子どもの発育にとって不可欠な要素になります。体を動かすことが苦手な子どもでも、あそびを通じて少しずつ苦手意識をなくしていくことが重要です。

考えられる背景● と子どもの思い★

- 脳の中にある体に対するイメージ「ボディーイメージ」が不十分である。
- 基本的な筋力や体力が不足している。
- 運動機能が十分に発達していない。
- ★手や足をどう動かしていいのかわからないよ！
- ★何か疲れてるからやりたくないんだ！

～～～ こんなサポートをしよう！ ～～～

サポート例 1 少しずつ体を動かす方法を学んでもらう

　体の動きがうまくできない子どもに、体を使ったあそびをいくら無理強いしてもできるようにはなりません。改善するためには、動作を細かく分けて簡単な動作から始めていき、少しずつ動き方を学んでもらうのがよいでしょう。例えば縄跳びであれば、まずは上に跳ぶ練習を繰り返し行い、スムーズにできるようになったら、縄を低い位置で1回だけ跳ばせ、次に少しずつ高い位置にするようにします。

「そのとき」の声掛けは

- 跳ぶのが上手になったね。次は縄を回してみようか。
- 疲れちゃったかな。少し休んで今度はお花の水やりをしようね。
- はい、右手を上げて、次は左手を上げて！

サポート例 2 子どもに合わせて体力向上を

　体を動かすのが苦手な子どもは、筋力や体力がつかないので何をやっても疲れてしまい、さらに体を動かすのが苦痛になるという悪循環に陥りがちです。子どもが苦痛を感じないよう、子どものペースに合わせて、複雑な動作を必要としない綱引きや鬼ごっこ、遊具を使ったあそびを増やしていきます。また、片づけや花壇の水やりなど園での活動に体を使うことを多く取り入れ、体力向上を目指します。

サポート例 3 感覚統合機能を向上させるあそびを

　ボディーイメージが十分でない子どもは、体の筋肉の感覚と、脳の感覚が一致していないのが原因です。感覚統合の機能が不十分なことなどが理由にあげられますが、この機能を向上させるためにも、その子の苦手な動作を見極めて、適切な支援を行っていきます。動作がぎこちなければ、手を上げたり、足を出したりする基本的な動作を反復して行うあそびを取り入れて、身体機能向上につなげます。

保護者への対応ポイント

　家庭でも、体を使った手伝いを子どもにしてもらうことをすすめます。配膳や、食器の片づけ、お掃除など、保護者と一緒に行える手伝いを増やしてもらい、体の機能の向上をはかります。

Message 保育の現場から

- 全身が見られる鏡の前でダンスを手とり足とりしながら練習しています。
- 苦手な集団あそびは、椅子を用意して見学させながら「次の鬼は誰かな？」と問いかけて、参加している意識を子どもに持たせています。

第2章 シーン別・対応＆サポート実例

登園のとき／保育活動のとき／友だちとの関わり方／ことばの問題／行動の問題／降園のとき

> 保育活動のとき

特定のあそびや玩具にこだわる

子どもにとって様々なあそびを行うことは、体や指先の感覚を身につけるためのものでもあります。したがって、特定のあそびや玩具にこだわることは、子どもにとって年齢に見合った発育や学びの可能性を狭めてしまうことでもあり注意が必要です。

同じあそびばかりしたり、いつも同じ玩具で遊ぶなど、こだわりが強すぎると周囲との関係を築けなくなる原因にもなります。結果として友だちとのあそびに加わることができずに、孤立してしまいがちです。何より、子どもの学びという観点から見ても、保育者による適切な支援が求められるケースです。

考えられる背景 と子どもの思い

- 好きなことが偏っている。
- 新しいものに対して、強い不安を抱いている。
- 自分の世界に入り込んでいる。
- ★ 好きなことをしたり、好きなものに触れていると安心するんだ！
- ★ 他のあそびはわからないからやらない。

こんなサポートをしよう！

サポート例 1 あそびの可能性を広げる

その子がこだわるあそびや玩具を、保育者は決して否定してはいけません。保育者がその子どもがこだわるあそびに加わって、こだわりの許容性を広げていくような支援を行うことが望ましいです。例えば積み木ばかりを行う子であれば、積み木を使ってドミノ倒しをすすめてみたり、将棋崩しのようなあそびを提案したりします。新たなあそびに触れさせることで、発育の向上につなげていきます。

サポート例 2 あそびのルールを絵などにして視覚化

新しいことに不安を抱いている子どもは、友だちが行うあそびへの理解が十分にできていないこともあります。保育者が、子どもにあそびのルールや楽しさを教えることで、みんなと一緒に遊ぶことができるようになることもあります。ルールを理解、記憶できない子どもであれば言語能力の発達がゆっくりしていることもありますので、あそびのルールを絵や表などで視覚化して教えることも有効です。

「そのとき」の声掛けは

- 先生もそのあそびを一緒にしてもいいかな？
- このあそびは、○○するところが楽しいよ！
- ○○ちゃんの好きな猫の人形だよ。こっちで遊んでみたら。

保護者への対応ポイント

家庭での生活面では、どのような状況なのか保護者に聞きます。子どもの許容性が高まるよう、あそびでも生活習慣でも意識して様々な刺激に触れさせることをアドバイスします。

サポート例 3 相手の表情を見て、気持ちを考える練習を

こだわりが強い子は、自分の世界に閉じこもることで安心感を得ているものです。こだわりが周囲に大きな影響を及ぼしていないのならば、しばらく様子を見ましょう。好きな玩具を常に抱きかかえているような子どもは、他にどんなものが好きなのか傾向を観察し、それに似た玩具を「時計の長い針が12のところに来たら、今度はこのおもちゃで遊んでみようよ！」などと声掛けをし、変化を促すとよいでしょう。

Message 保育の現場から

玩具が友だちにとられるのを嫌がって、抱きかかえて離さないような子どもは、「先生がおもちゃを預かってあげるから安心して他のおもちゃでも遊んでね」と納得させて、こだわりの玩具を手放させるようにしています。

保育活動のとき

自分であそびが決められない

自由なあそび時間の際に友だちと遊ばず、かといって一人で遊ぶこともしないでボーッとしている子どもがいます。そんな子は遊び方を理解していなかったり、自分で決められない場合も多く、声掛けをするなど適切な支援が必要になってきます。

子ども同士で自由に遊んでもらう時間に、あそびが決められない子は、そもそも遊び方がわかっていない、あそびが思いつかない、友だちの中に入れないなどが理由となっていることが多いです。保育者は、そんな子に対して適切に声掛けをして、遊び方やあそびの楽しさを教えましょう。

考えられる背景● と子どもの思い★

- どのように、何をして遊べばいいのかがわかっていない。
- 遊び方がよくわからない。
- 友だちと遊びたいという意思表示ができない。
- ★ どうやって遊ぶの？
- ★ 何か楽しそうじゃないんだ。

こんなサポートをしよう！

サポート例 1　複数のあそびを提案して、子どもに選ばせる

保育者がいくつかのあそびから選ばせるようにすると、子どもも判断がしやすくなります。あそびは言葉だけで説明するのではなく、他の友だちが行っているあそびを例として見せてあげたり、絵などで視覚的に判断できるようにするとよいでしょう。あそびの方法も、細かく伝えるようにします。保育者も一緒に遊んで、わからなそうなことはその都度、やり方を見せるようにします。

「そのとき」の声掛けは

- 3つのあそびの中から、面白そうなものを選んでね。
- このキャラクターが好きなんだね。一緒にお絵描きしようよ！
- ブランコで遊びたい人、手を上げて！

保護者への対応ポイント

園での意思表示は苦手でも、家庭では思いを伝えられるケースもあります。家庭での状況を確認し、近所のママ友と子どもを含めた交流など、誰かとあそびを楽しめる時間を増やすようアドバイスします。

サポート例 2　マンツーマンであそびの楽しさを

友だちと遊ぶことに関心を示さない子どもは保育者があそびに誘い、できるだけ相手をしましょう。観察しながら何が好きなのかを探り、その子が好きそうなあそびを見つけ、楽しさを感じてもらうようにします。そして、あそびの楽しさに気づき、集中することができるようになったら、そのあそびに関連した別のあそびへと導いていき、楽しさを感じるあそびの幅を広げていきます。

サポート例 3　意思表示が苦手な子どもは、ボディーランゲージを

友だちと一緒に取り組むことが苦手な子、意思表示が苦手な子は保育者がリードして、ともに遊ぶ楽しさを感じてもらうようにします。何を聞いても答えが返ってこないような子であっても、声掛けを続けることが、理解を深めることにつながります。「ケンケンパをしたい子は手を上げて！」などと問いかけたり、言葉での返事でなくても絵カードなどで子どもの意思を確認できるよう工夫します。

Message 保育の現場から

あそび経験が少なかった子どもは、ちょっとしたきっかけでみんなで遊ぶ楽しさがわかるようになるものです。あそびを楽しめない子には、保育者が率先してあそびをすることで、あそびの楽しさを伝えています。

> 保育活動のとき

読み聞かせなどで じっとしていられず立ち歩く

読み聞かせなど座って話を聞くべきときに、立ち歩いてしまうなどじっとしていられない子どもがいます。他の子どもの気が散るといった悪い影響が出てきますので、保育者としてはすぐに対策をしておきたいシチュエーションです。

保育者の話の途中でも、窓の外の様子が気になりすぐ反応したり歩き出してしまったりと、じっとしていることができない子どもがいます。そういった落ち着きのない子に対しては、理由や原因を見極め、その子に合った支援を行うことが肝心であり、叱ったり無理に座らせても効果はありません。

考えられる背景●と子どもの思い★

- 窓の外のことに関心がいってしまい、保育者の話に集中できていない。
- 同じ姿勢で座っているのが苦手。
- 自分が置かれている状況の理解ができていない。

★窓の外に何か見えて気になるんだ！
★先生のお話が何だかわからないよ…。

～～～～ こんなサポートをしよう！ ～～～～

サポート例 1 落ち着いて話を聞けるような状況を

　じっとしていられない子どもは、意識が視界に入るもののほうへ行ってしまっていることが多いものです。このような場合は落ち着ける環境作りから行っていきます。多いのが窓の外に気がとられてしまうケースです。窓のカーテンを閉めたり、子どもの視野に余計なものが入らないよう片づけて集中できる環境を作ります。興味が高まるよう、音の出る小道具を用意し読み聞かせの途中に鳴らすのもよい方法です。

「そのとき」の声掛けは
- お話の途中で、ラッパの音がするから楽しみに聞いていてね。
- どの本を今日は読もうかな。〇〇ちゃん、何がいいかな？
- 先生一人じゃ大変だから、お手伝いをしてくれる？

サポート例 2 子どものリクエストに答えて本を選択

　話の内容に興味がなければ、集中して話を聞くのは大人でも苦痛なものです。あらかじめ、その子にどの本を読んでほしいか聞いてから読み聞かせすれば関心は高まり、集中して聞いてもらえます。多動が原因ならば、多少は体を動かすのは許容してよいでしょう。立ち歩くのであれば、椅子ではなく床に直接座ってもらうなど座り方を変えさせたり、足元にマットを敷くなど感覚に変化をつけて対応します。

サポート例 3 子どもに読み聞かせを手伝わせて

　子どもに対して、「ちゃんとしてね」などのあいまいな表現は意味がありません。「次のご飯の時間まで、手はおひざ、お口はチャックをしてね」などと、具体的な言葉で求める行動を伝えます。おとなしく聞く時間だと理解していないのならば、読み聞かせの手伝いをしてもらうのもよい方法です。絵本のページをめくってもらったり、セリフを言ってもらったりと、役割を与えることで興味を高めさせます。

保護者への対応ポイント

　食事の際などに子どもがじっと座っていられたら、しっかり褒めることを伝えます。長い時間が無理でも、タイマーで測って少しずつ座っていられる時間を伸ばすようにしてもらいましょう。

Message 保育の現場から
- 補助の保育者が抱っこやひざの上に座らせて、補助の保育者がその子のそばで絵本を読む保育者の言葉を解説しています。
- 余計な刺激が入らないよう目の前に子どもを座らせるようにしています。

> 保育活動のとき

ごっこあそびに一人没入できない

子どもたちはごっこあそびを通して、豊かな想像力や表現力、コミュニケーション能力を磨き、楽しい世界を共有します。役になりきる「役割あそび」が不得意な子どもたちも、園や家庭での経験を活かし小道具を使って楽しむことができます。

ごっこあそびは発育段階により、①1歳＝食べるふりなどを真似る「ふりあそび」→②2歳半＝物を食物などに見立てる「見立てあそび」→③4歳前後＝具体的な場面を想像する「ごっこあそび」→④4歳＝あそびの世界を共有して役割分担を楽しむ「役割あそび」と進みます。これに対し想像力や表現力に乏しく、苦手な子がいます。そんな特性のサポート法を探します。

考えられる背景と子どもの思い

- まだごっこの世界を展開する想像力が弱く、遊び方がわからない。
- 他者と遊んで、楽しさを共有することができない。
- 遊び方が複雑で理解できない。
- ★ 話すのが面倒くさいから嫌なんだ。
- ★ 一人で遊んでるほうが楽しいよ！

― こんなサポートをしよう！ ―

サポート例 1　イメージを膨らませるのを手伝うには

　ごっこあそびができない子には、次のポイントを押さえることが必要です。①ごっこあそびに入るきっかけを作る、②こだわりを否定しないでその世界に寄り添う、③友だちと楽しさを共有するのを助けるサポートをする、があります。はじめは家庭生活を再現するあそびが取り組みやすく、例えば調理や食事など家庭で見たり行ってきたことをもとに、「お家ではどんなご飯を食べてるの？」など会話を重ねてイメージを膨らませます。

サポート例 2　保育者が積極的に参加し、興味をつなぐ

　ごっこあそびは、子どもに身近で興味を持ちやすいものがよいですが、最も大切なことは子ども同士がその世界を共有することです。その子がごっこあそびの世界に入り込めない場合は、保育者が「先生とお店屋さんしようか？」と２人で遊ぶことを提案します。そして、どのように話し振る舞えばよいかを、実際に演じて子どもに見せましょう。例えば、ブロックを使った「お店屋さんごっこ」などを試してみましょう。

「そのとき」の声掛けは

- お家のご飯は何が好き？
- クマさんにアーンして、食べさせられるかな。
- お店屋さんに一緒に行って、ハンバーガーを買おうか。
- 「これ、くださいな」って、言うんだよ。
- 「入れて」、ってお願いしよう！

保護者への対応ポイント

　子どもは保護者の動作や言葉を真似て遊ぶことを、ちゃんと伝えましょう。仕草や言葉の面白さを一緒に楽しみ、子どもとのコミュニケーションを深めることを勧めるのもよいでしょう。

サポート例 3　あそびは成長につれて変化

　子どもの成長につれて「ごっこあそび」は見立てあそびから、役割あそびへと変化していきます。他者と世界を共有することが苦手な特性の子には、あそびの発展についてこられない場合があります。保育者のサポートが適切に行われないと、一人あそびから脱却できない恐れもあります。その時点での展開を説明したり、周りの子に途中参加をお願いするなど参加を援助します。しかし、無理強いは逆効果です。

Message　保育の現場から

- 「そうじゃなくて、〇〇って言うのよ！」などと強制しないなど、遊ぶことが指導にならないように気をつけています。
- 集団あそびに参加することが難しい子には席を準備し、見学で参加します。

保育活動のとき

会話の声が大きすぎたり、奇声を上げたりする

「聞こえ」に問題がなくても自分の声を調整できず、周りの子がびっくりするほどの大きな声を出してしまう子がいます。元気にあいさつしたり、大きな声で答えるのはよいことですが、時と場合によります。そんな子のサポートを探しましょう。

大きな声で話したり、急に叫ぶ子がいます。園内ならまだいいのですが、道路や駅など公共の場では気になる場合もあります。これは保護者も悩むことで、園での活動で声の大きさを調整する練習が求められることがあります。また、子ども自身には大声の自覚がなかったり、大小の差がわからなかったりします。保育者は日頃の観察から、その原因を探ることが大切です。

考えられる背景●と子どもの思い★

- 本人には大きな声を出している自覚がなく、大小を使い分けられない。
- 興味がある場所や初めての場所や出来事に驚くと、興奮して大声になる。

★ 声を小さくするって、どうするの？
★ 大きな声で話すのが楽しいんだ。
★ 注意してるんだけど忘れちゃうの。

～～～ こんなサポートをしよう！ ～～～

サポート例 1　大きな声を出す子のサポートを

小さい子どもは言語の発達が未熟なため、やりたいことや思いを言葉にできないもどかしさと感情の揺れが、大声や奇声となって表れることがあります。また、自分の出している声の大小を判断できない面もあり、中には声を出すのどの筋肉をうまく使えない場合もあります。日常的に大きな声で話す子には、周りの子と並んで普通の声でゆっくり話す「伝言ゲーム」やヒソヒソ声での「内緒話あそび」が効果的です。

「そのとき」の声掛けは

- ここからは、5のワンちゃんの大きさの声で話そうね。
- 小さな声でも、聞こえるから大丈夫だよ。
- 今の小鳥さんのかわいい声、上手にできたね！
- その声の大きさが、ピッタリだよ！

保護者への対応ポイント

子どもが急に大声や奇声を上げたりすると、保護者は発達に不安を抱きがちです。声の大小を調節できないだけなのかなどの観察を行い、保護者に理解してもらい不安感をやわらげるようにしましょう。

サポート例 2　声の「大きい・小さい」を絵で示す

声の大小をわかりやすい例えを使い、3つの段階を理解してもらいます。本誌巻末に、1＝小さい声・内緒話（小鳥）、5＝普通の声・会話の声（犬）、10＝大きい声・一番大きな声（ライオン）のイラストで示しています。

例えば「駅では、小鳥さんの1の大きさで話そうね」などと伝え、その場で出してほしい声をイメージさせます。また保育者が声を出して、「声の大きさ当てゲーム」で楽しむのもお勧めです。

サポート例 3　大きな声を出しても良い、発散できる場所と方法

ストレスが溜まると大きな声を出したくなるのは、大人も子どもも同じです。歌の時間はもちろん大声OKですが、子どもが大声を出したくなったら「先生に言ってね」と伝えておきます。保育者のもとに来たら別の部屋に連れていき、ぎゅっと抱きしめて叫ばせます。周りの子にも迷惑をかけないで済み子どもも落ち着きます。また「叫びの壺」などの消音グッズや、防音パネルで囲ったスペースを使うのもよいでしょう。

Message　保育の現場から

- 叫び出した子は離れたところで抱きしめ、落ち着かせるようにします。
- 初めは声の大きさカードを使って挑戦も、難しいと「お口を取って」と大泣きに。今は自分で口にお布団を当て、調整できるように挑戦中です。

保育活動のとき

園で食事ができない。落ち着いて食べない

園での食事中に立ち歩いたり、おもちゃなどで遊び出すなどして食べられない子がいます。家庭での食事時間が不規則だったり、にぎやかな所で食事以外に注意が向いてしまうなど、子どもが食事に集中できる環境が整っていない場合もあります。

まず、食事は楽しく、おいしいものだと思ってもらうことが一番重要です。苦手なものが食べられない子なら無理強いしないで、お皿に少量ずつ盛り合わせにして出すなどの工夫を試しましょう。また、食べる速さは個人差が大きく、クラスの人数に合わせ、あらかじめ早く食べる子と遅めの子にグループ分けしておくと、それぞれの子どもが食事に集中できます。

考えられる背景●と子どもの思い★

- 周囲の音や物に気をとられ、食事に集中できずに座っていられない。
- 食事時間の終わりがわからない。
- 食べることに意欲がない。
- ★お腹が減ってないから、まだ食べる気がしないよ。
- ★人がいると食べられないんだ！

こんなサポートをしよう！

サポート例 1　席に落ち着かせるいろいろな工夫

周囲の刺激に反応して座っていられず、食事に集中できない子がいます。席を立たずに食事ができるために、①窓や廊下から離れた壁に向かった席に座らせる、②おもちゃなどが見えないようにする、③保育者がそばにいる、④感覚統合の遅れなどの特性がある子にはすべらず座りやすい椅子を選ぶ、などの工夫をします。時間内に食べられたら食後に好きなあそびをしたり、シールを貼るなどのご褒美をしてもいいでしょう。

「そのとき」の声掛けは

- あと10数えるまで食べたら、電車で遊ぼうね。
- ソーセージとサンドイッチ、どっちがいい？
- 長い針が9に来るまで食べられたら「ご馳走さま」ね。
- お家とおんなじクマさんのお茶碗で食べようか？

サポート例 2　子どもに決めさせて自分で考える力を

食べ飽きたり、嫌いなものがあり手が出ないことを言葉で伝えられない子どももいます。食事が止まってしまったら、食べられそうなものを選んで「スープ？　お肉？　どっちを食べる？」と子どもに決めさせるのもよいです。選択することで子どもに自分で考える力をつけさせると、表現する力の練習にもなります。また、臭覚過敏、味覚過敏などの特性は、あらかじめ保護者に確認しておくことが必要です。

保護者への対応ポイント

サポート例3のように家庭での食習慣づけが大切です。おやつは決まった時間に、決まった量だけにし甘味飲料は控えるなどから始め、食のバランスをはかりましょう。

サポート例 3　家庭との連携はより具体的に

食習慣は家庭環境も関係します。座って→みんなで「いただきます」→その場で食べる、という一連の食事の流れができない子どもは、家庭での食事習慣が身についていない場合があります。また、普段から間食の食べすぎで食欲がなかったり、テレビなどを見ながら食べる「ながら食べ」が習慣化していると、落ち着いて食べることができません。保護者と連携して間食を控え、決まった時間に食事をとる習慣づけを。

Message 保育の現場から

- おかずをひと口サイズに切り分けておき、食べたいものを選ばせています。
- 担任以外の保育者のときは給食を普通に食べますが、クラス担任のときはわざと最後になるくらい遅いです。担任は見守りと声掛けをします。

保育活動のとき

好き嫌いが激しく特定のものしか食べない

決まったものしか食べない子や、食わず嫌いで食べない子、たくさんの人の中では食べられない子など、子どもの食行動は様々です。特定の食べ物しか受け付けない特性を持った子などは、栄養の偏りが心配ですが長い目で見守ることが大切です。

子どもの舌は味蕾（みらい）が大人の3倍もあると言われます。味覚が鋭いがゆえに子どもは大人と比べて好き嫌いが多く、また、たくさん食べられない子もいて給食を完食できない子も珍しくありません。しかし、無理やり食べさせるよりも大切なのは、園で「食事は楽しいもの」「全部食べられた喜び」を体験することです。スモールステップで、子どもたちをサポートしましょう。

考えられる背景と子どもの思い

- 味覚や臭覚に感覚過敏があり、特定の食べ物以外受け付けない。
- 調理法や食べ物の形態に強いこだわりがあり、偏食の原因になっている。
- ★お家の味と違うから嫌だ。
- ★いろんなものが混ざっていてキライ！
- ★食べるのが面倒くさいんだもん。

―― こんなサポートをしよう！ ――

食べることを強制せず少しでも食べられるように

　近年は家庭の食生活の多様化などいろいろな理由から、緑黄色野菜は食べない、慣れた味つけ以外はダメなど偏食傾向も変化しています。よく見られる問題＆対処を箇条書きにします。
・少食の子＝その子が食べられる分量を考えて盛り付ける。
・お昼に食欲がない子＝午前中に体をたくさん動かす活動をして、お腹を減らす。
・好き嫌いが多い子＝ひと口食べることから始め、食べられたら褒める。

「そのとき」の声掛けは
- 今日はひとくちだけ、食べてみようか？
- すごいね！　食べられたね。
- いつもの席で、お友だちの○○ちゃんのお隣だよ。
- ひとくち食べたら、スタンプをスタンプ帳に押そうね。
- 匂いをかいでから食べよう。

保護者への対応ポイント

食事自体に興味がなかったり、自分で食べる経験がない場合は、家庭と連携しないと解決は難しいもの。食事作りを見せる、サイズを小さく作る、好きな食器に替えて興味を引く、などが考えられます。

「楽しく食べる」意欲がわく環境作り

　どうしてもひと口も食べられない子がいます。原因として心理的ストレスによる食欲の低下や感覚過敏、咀しゃくなどの口腔機能の低下、食べることへのプレッシャーなどがあると言われます。その子が「楽しく食べる」ようにストレスを緩和させましょう。①少し離れた静かな環境で保育者と食べる、②急がせないことが大切、③仲よしの友だちと楽しく食べる時間に、④保護者と情報共有する、などがポイントです。様子を見ながらゆっくりと対応しましょう。

食に敏感な子どもには工夫とアイデアで

　環境作りは保育者にもできますが、口に入りづらいものは食べない子や、ご飯以外は食べない子など給食に関わることは栄養士さんとの相談が必要になります。素材や料理自体を小さくカットする、ご飯とカレールーは別皿にして混ぜない、盛り付けを視覚的に変える、揚げ物は衣を柔らかくするなど工夫します。また、子どもが生の野菜に触れたり、調理する過程を見学するなど、食への興味を育む機会作りも大事です。

・栄養士さんにも相談し、その子が好きなふりかけを持参させています。
・始めは何も食べない日も…。何回スプーンを口に入れられるか、数えながら一緒に食べました。回数が増えたら、載せる量を増やしていきました。

保育活動のとき

給食を待ちきれなくて すぐに食べてしまう

「いただきます」の意味がわからないため、給食が配膳されるとすぐに一人で食べ始める子がいます。大切なのは、「いただきます」に限らず「おはよう」から「さようなら」まで、様々な場面で始まりと終わりのあいさつがあるのを知ることです。

クラス全員がそろうまで待って、みんな一緒に「いただきます」をしてから食べるという園や、クラスの中で決められたグループがそろったところから食べ始めるなど、給食開始の形はいろいろです。一斉保育でない園では、子どもの生活リズムに合わせて食べ始めるため「いただきます」をしない場合もあります。しかし、「楽しく食べる」という根本の考えはみな同じです。

考えられる背景●と子どもの思い★

- 家庭で「いただきます」をする習慣がないので、意味がわからない。
- 周囲の待っている状況が見えていない。
- 「いただきます」「ごちそうさま」と指示されるのを嫌がる。

★お腹が減って、すぐに食べたいんだ。
★なぜ待っていなくちゃいけないの？

――― こんなサポートをしよう！ ―――

サポート例 1 「いただきます」をする タイミングを示す

みんなと一緒の食事は周りのペースに合わせる、それはあくまで大人のルールです。言葉の発達が遅い子や状況を見るのが苦手な子には、給食の準備ができたら「いただきます」、食べ終えたら「ごちそうさま」の「あいさつ」をすることを、写真やイラストを使って教えます。なかなか理解できない場合は食事開始の後、少し時間差をつけて参加し、徐々に同じ時間に席につかせるのもよいでしょう。

「そのとき」の声掛けは
- 先生が座るまで「給食の歌」をうたって待っててね。
- グループのみんながそろうまで、数をかぞえていよう！
- 手をおひざに置いて、「いただきます」をしようね。
- 座って待っていてくれて、先生嬉しいなー。

サポート例 2 待てない子に伝えたい 「いただきます」

3歳過ぎ頃からは、遊具の順番待ちなど「待つ」を体験し小さなルールを学びます。そして、将来の小学校の集団生活ではルールを守ることが求められます。幼児期の「待つ」は、ルールを守り我慢する力を養うための最初のステップです。自分だけ一人騒いだりすると周りが楽しく食べられないことや、始まりと終わりの約束を守ることがみんなと楽しい時間になることを、カードなどを使い伝えましょう。

サポート例 3 子どもに自ら「待つ」力を 育むように工夫を

「いただきます」を待てないのは、自我の芽生えであり発達過程の一環でもあります。この時期に大切なことは、「待たされている」という意識を子どもに与えないことです。保育者は「待つ」ことにより、楽しい見通しを持てることを伝えることが必要です。それには「赤い針が3まで来たら、あいさつして食べようか」など語りかけ子どもが理解できるよう、その子との間に信頼関係を築いていくことが必須です。

保護者への対応ポイント

できるだけ、家庭での食事で「いただきます」と「ごちそうさま」のあいさつを交わしてもらうようにお願いします。「カレーおいしかったね？」など会話を楽しんで、触れ合いの機会にしてもらいます。

Message 保育の現場から
- テーブルに班の4人がそろったら、「いただきます」をして食べ始めます。
- 配膳後、歌をうたって「いただきます」をしたら食べられることを伝え、見通しを持てるようにしました。同時に給食を食べる直前に並べることも。

第2章 シーン別・対応＆サポート実例

登園のとき　保育活動のとき　友だちとの関わり方　ことばの問題　行動の問題　降園のとき

友だちとの関わり方

友だちと関わらず一人で遊んでいる

友だちがグループで遊んでいても近くで一人あそびをしていたり、離れて見ているだけの子がいます。しかし、無理やり友だちの輪に入れるのは禁物。その子にあった友だちと関わる楽しさを感じられるようにサポートしましょう。

自分の好きなあそびで、一人自分の世界を十分に楽しんでいる子には「お友だちと遊ばないの？」などの声掛けは不要です。同じようなあそびをしている子どもや、子どもなりに一目置いている子を見つけたら、自分から次第に関わりを持つもの。しかし、あそびに加わる機会を掴めなかったり、声を掛けられずに悩んでいる子には保育者が助け舟を出しましょう。

考えられる背景●と子どもの思い★

- 他の子への関心や関心が薄い。
- 他の子と遊ぶやり方やルールがわからないので怖い。
- 並行あそびで満足している。
- ★ 好きなあそびをしていたいんだ。
- ★ なんて話せばいいのかわからないよ！
- ★ たくさんの子がいるのイヤなんだ。

こんなサポートをしよう！

サポート例 1 一人あそびから、友だちと関わりを持てるように

子どもの遊び方は、年齢や性格によりそれぞれ違います。3歳～4歳くらいまでは、ただ近くにいて同じような行動をしている「並行あそび」をする子がいます。また、積極的な性格なら友だちがしているあそびを「真似してみたい」と思ったら、早い時期から自ら関わりを持つようになります。一人あそびの子でも社交的な子でも、保育者はまずは見守り、次にどんな子でも安心して過ごせる場や空間作りが必要です。

「そのとき」の声掛けは

- ○○ちゃんも、かっこいい消防車が好きなんだよ。
- わあ、虫さんかっこいいね。お友だちにも見せてあげて。
- 一緒にしたいと2回言ってダメだったら先生と遊ぼう。
- 先生のまねっこしてやれば、すぐにできるようになるよ！

保護者への対応ポイント

一人で遊んでいるのを知り心配している保護者には、その子の個性でもあるから長い目で見てほしいとお願いしましょう。保護者や大人の観点でなく、子どもの成長と共に歩む喜びを共有しましょう。

サポート例 2 遊びたい気持ちを伝える勇気を引き出して

一人で遊んでいても他の子どものほうを見ていたり、気になるような素振りをしていたら、一緒に遊びたい思いがあるのかもしれません。保育者はそのあそびの輪に加わり、その子を呼んで加入しやすくします。それでもなかなかその子が「入れて」と言い出せないないようなら、例えばあらかじめ2人で話す言葉を決めておいて「せーの！」と勢いをつけ、「入れて！」と大きな声で遊びたい気持ちを一緒に伝えましょう。

サポート例 3 周りに興味を示さない子には輪を広げる仲立ちを

なかなか他の子どもたちと一緒に遊ばない子は、他の人との関わりを楽しいと感じたり、経験したことが少ないのかもしれません。例えば「○○ちゃんも、おんなじお人形で遊んでるよ」「○○ちゃんのお人形すごく可愛いよ」と、その子と同じ世界観を持っている子や、興味を引きそうな事柄を保育者が仲立ちします。また、「すごい上手にできたね！」とその子の存在を周りに気づかせ、他の子に関心を持たせても。

Message 保育の現場から

- 2人が同じ場所で積み木しただけでも「○○ちゃんと積み木したんだ」と話すように、子どもの感覚は大人と違うと思いました。
- 園で楽しく遊んでいる写真や道具類を並べておき、興味を持たせます。

友だちとの関わり方

友だちを叩いたり噛んだりする

気持ちのコントロールが難しい子は、感情に任せて友だちを叩いてしまったりします。保育者は、まず間に入って乱暴を止め原因を探ることが大切です。2人の気持ちを受け止め、言葉で伝えることができるように根気良く伝えます。

サポートをしていて、乱暴をする子に「なぜ叩くの？」と聞いて、「あの子のほうが駆けっこ速いから」と聞き出せたら、子どもの信頼がある保育者です。その子と駆けっこの練習をして、気後れする感情を補助してあげられたら対処は成功と言えます。信頼関係が築ければ、カッとなりやすい子には「10まで数えて」など、それぞれ最適な対処ができるようになります。

考えられる背景●と子どもの思い★

- ●嫌なことがあると、衝動的に手が出てしまい止められない。
- ●子どもの周囲に手をあげる大人がいて、子ども自身暴力への認識が薄い。
- ★だってあの子が意地悪するから…。
- ★急に触られ驚いて叩いちゃったの。
- ★噛みつくと先生が来てくれるから。

こんなサポートをしよう！

サポート例1 なぜ乱暴をしたのか必ず理由をはっきり聞く

　乱暴する場面になったら、まず保育者が2人の間に入ってケガがないように安全を確保します。もし危険なものを持っていたら取り上げ、2人を離して落ち着かせましょう。子どもが落ち着いたら、2人の気持ちを聞きます。「持っていかれるのイヤだったんだね」など、原因を探りながら両者に聞きましょう。「叩いちゃダメ！」と一方的に子どもを突き放すような言葉は、不信感を生む結果になるので要注意です。

「そのとき」の声掛けは

- 何がしたかったの？　先生が助けてあげるから教えて。
- ○○が欲しかったんだね。一緒に「貸して」って言おう。
- 嫌なときはイヤって言っていいんだよ。
- ビックリして叩いちゃったらすぐ「ごめんね」をしよう。

サポート例2 乱暴してはいけないことを普段から伝える

　園でも「乱暴は絶対ダメ」と教えていますが、人との交流が不得手だったり見通しが苦手な特性の子は、すぐに相手の気持ちを考えるのが難しいものです。しかし、手などを叩き痛みを教えるのは保育ではありません。普段から絵本や絵カードを使い、人の気持ちを理解し敬うことを身近に感じられるようにしましょう。保育者と2人であそびの中に「貸して」「見せて」と短い言葉で伝えられるような訓練も効果的です。

サポート例3 我慢する工夫と乱暴に慣れさせない方法

　乱暴するときは、衝動的な怒りや嫌悪の気持ちで叩いたり、好きな子だから叩いた、など原因は様々。もし、おもちゃを取り合っている場面を見たら、離れて見守り乱暴行為を警戒します。そして、何も起こらなければ「我慢できて叩かなかったね」と伝え、我慢したら褒められることを体験させます。興奮状態なら別の場所に行き、例えば、好きな人形を抱きしめるなどして、気持ちが落ち着くまで待ちます。

保護者への対応ポイント

　子どもが乱暴するのは、全て家庭に原因があるわけではないことを伝えましょう。ただし、乱暴な行為をする原因は様々で、ドアを乱暴に閉めるなど物を乱暴に扱う生活環境が影響している可能性も。

Message 保育の現場から

- 仲間に入ろうとすると特定の子にだけ「ダメ！」と言う場合、保育者は観察して「どうして入れてあげないの？」と聞きます。
- 手を出したとき「ダメだよ」の言葉と共に泣いてるカードを見せます。

友だちとの関わり方

自分の好きなおもちゃを独り占めしたがる

2歳頃になると、自分の好きなおもちゃや遊具を独り占めにして、他の子どもが触ると激しく怒り出す子が出てきます。単に独占欲が強いということだけではなく、自分のものとみんなのものという区別がつかない場合も多いようです。

2歳頃に独占したいという思いが強まるのは、子どもの成長過程の一環です。しかし、3〜4歳頃になってもおもちゃなどの貸し借りができない子もいます。園のように同い年の子が大勢そろうことは、普通の家庭生活ではありえません。だから好きなものがあれば、自分だけで遊びたいと思うのです。執着の様子をみながら、その子の興味対象を増やすようにしましょう。

考えられる背景 ● と子どもの思い

- みんなのもの、というルールがわからない。
- 少し待てば自分も使える、という見通しが持てない。
- ★これじゃなくてあれで遊びたいんだ！
- ★好きだからみんな持っていたいんだ。
- ★私だけのおもちゃなの！

― こんなサポートをしよう！―

園のものは共有物で、待てば自分の番が来ることを伝える

幼児期はまだ自己中心性が強く、園のものはみんなで使うというルールが理解できません。また、自分のものと他人のものという区別もまだまだ弱く社会性もありません。共有する気持ちを養うためによいのは保育者と子の前にブロックなどを置いて、「貸して」「どうぞ」というやりとりをするあそびです。やがて自分の番になり「いいよ！」と言われたとき、子どもは待てば順番が来ることを学び見通しを身につけます。

「そのとき」の声掛けは
- 使いたいときは、「貸して」って言うんだよ。
- ○○ちゃん、5回やったら交代しようね。
- 待っていれば、順番が来てブランコで遊べるよ。
- ○○ちゃんのシールがあれば、使っていいんだよ。

トラブルを防ぐための環境作りを

子どもの玩具の取り合いを少なくするために、いくつか具体的施策が考えられ、①目立つ場所にいろいろな玩具を置いて、一つのものへの執着を弱める、②ゆとりを持ってトラブルなく遊べるスペースを確保する、③玩具の数をできるだけ人数分そろえる、予算がない場合はリサイクルで作るのもOK、などです。4歳児頃でも取り合いからケンカになることもあり、環境が整備されても見守る姿勢は変わりません。

子どもが自分で気持ちを抑える力を

いつもと違う変化があるととまどう特性の子どもがいます。自他との境界線が曖昧で、強い指導は子どもにストレスがたまる場合があります。例えば一人ひとりの持ち物にシールを貼る区別の視覚化や、好きなものは絵カードの数だけ手元に置く約束で遊ぶなどの、スモールステップで参加してもらうのもよいでしょう。また、まだ数の概念がない子には、絵で「あと3個ね」と示し、現実と概念を教えるのもお勧めです。

保護者への対応ポイント

園で玩具を独り占めするトラブルを防ぐために、家庭でも順番待ちの機会に待つ体験ができるように提案しても良いでしょう。一人っ子家庭でも、例えば買い物や公園で体験できます。

Message 保育の現場から
- 密集するとトラブルが起こるので、適切なスペースどりをします。
- 友だちが使いたいと言ってきたらどうするか、「3回やったら交代」など妥協できるプランを子どもと探ります。

第2章 シーン別・対応＆サポート実例
登園のとき｜保育活動のとき｜友だちとの関わり方｜ことばの問題｜行動の問題｜降園のとき

友だちとの関わり方
友だちから話しかけられても答えない

友だちが話しかけても外を見ていて返事をしなかったり、反応をしない子がいます。言葉の発達が緩やかでとっさに返事ができなかったり、夢中で他のことをしているときなど、返事をしない理由は様々です。まずその理由をつかむことが必要です。

子どもの特性は様々で、言葉より視覚優先で見て覚える子や、人の特徴をとらえるのが苦手な子などはとっさの返事ができないことが考えられます。保育者は話しかけるときは子どもの視界に入り、必ず名前から呼びかけるようにします。一斉指示でも口頭指示だけでなく個別に呼びかけてから、絵カードや手順表を使って視覚的に指示をすると伝わります。

考えられる背景● と子どもの思い★

- 識別する力が遅れていて、友だちの名前や顔を覚えられない。
- 話しかけられた内容が理解できない。
- 注意力が散漫なため、話しかけられても聞き逃している。

★何て答えたらいいかわからないよ！
★遊んでいるから後にしてほしいな。

―― こんなサポートをしよう！ ――

1 聞き逃しや聞き漏らしは、意識を向けられるように

　注意力が少し散漫な面があったり、夢中になると他のことが目に入らないなどの特性がある子は、えてして周りの子から誤解されがちです。「〇〇ちゃん、遠足の話だよ」と、名前から呼び掛けるネームコーリングをしましょう。注意が向けば聞き漏らしも減りますが、ボーッとしていて聞き逃しが多いのなら声をかける前に、あらかじめ２人で決めておいた声掛けのサイン（その子の肩に手を添えるなど）で注意を向けさせます。

2 話の内容がわからない子には話し方を変えて

　突然話しかけられると、何を言われているのか理解できないことは大人でもあります。言葉の理解深度が緩やかな子どもはとっさに応答や行動ができません。周囲の子にもその子の前から話しかけるようにしてもらい、保育者は一度子どもと視線を合わせてから話し始めましょう。また「どうしたの？」というような漠然とした質問は答えにくいもの。「〇〇ちゃんが話しかけたら、お返事しようね」など、具体的に目的をあげて話しましょう。

「そのとき」の声掛けは

- 聞こえなかったら、聞き返してもいいんだよ。
- お友だち、今日はズボンをはいててカッコいいね。
- 〇〇ちゃんはどこにいるのかな？　お返事してね！
- わからなかったら、先生に何て言ったか聞いてね。

保護者への対応ポイント

　保護者が「今日はどうだった？」と聞いても、「わからない」としか答えないのは抽象的な質問だから。一日のことを要約するのは幼児には難しいもの。「今日はお絵描きした？」など、具体的に聞きます。

3 名前や顔が覚えられない子はカードなどで工夫

　話しかけられても相手が誰かわからないため、返事の仕方がわからない、人の名前や顔を覚えるのが苦手な子は意外と多いようです。園で朝の出欠をとるときは、名前を呼ばれたら手を上げて立つなどをします。また「今日は〇〇ちゃんと同じグループだよ」と紹介して、思い出しやすくするのもよいです。クラスメイトの名前と顔写真のカードを作り、名前合わせなどをゲーム感覚で行うと楽しみながら覚えられます。

保育の現場から　その場で、その子の思っていそうなことを代わりに話すと、「違うよー」と独り言のように話したので「えっそうなの。言ってよー」と返し会話の楽しさを伝えました。

友だちとの関わり方

友だちとよくケンカになってしまう

仲よく元気に遊んでいるときはいいのですが、時には友だちとすぐケンカになる子どもがいます。衝動性や思い込みが強かったりする子は、些細なトラブルからケンカに発展します。まず、ケンカを止めて子どもたちと向き合うことから始めます。

ケンカすることが多い子どもは、「すぐに叩く子」とか「怖い子」というレッテルが貼られてしまうと、その子の良い面も全て否定されてしまいます。言葉が出ないもどかしさから、手が出たり暴言を発したりします。保育者は双方の子どもの言い分を聞き、例えば「貸して」「一緒にね」など言葉の使い方の手本を示しましょう。子どもの成長につながる仲立ちが理想的です。

考えられる背景●と子どもの思い★

- 言葉でうまく表現できないため、つい手が出たり暴言を言う。
- 自分の感情を抑えることが苦手。
- 一緒に楽しむ方法がわからない。
- ★怒ると、何にも考えられなくなるの。
- ★わざと叩いたからお返ししたんだ！
- ★私だけいつも貸してもらえない…。

こんなサポートをしよう！

サポート例 1 取っ組み合いなどケガの恐れがあるケンカは

子ども同士がケンカを始めたら、保育者はまず状況を把握することが第一です。そして、取っ組み合ってケガをしそうな激しいケンカや、周りの机などにぶつかったりする危険性がある場合はすぐに間に入って止めます。ケンカを止めてから、双方からそれぞれの話を平等に聞きましょう。その場の一瞬だけ見て、「叩いちゃダメでしょ！」などと一方的に判断を下すのは、子どもにわだかまりを残す恐れがあります。

「そのとき」の声掛けは

- 叩く代わりに「貸して」って言ってみようよ。
- わざと叩いたんじゃなくて、間違えてぶつかったんだね。
- ○○ちゃんが痛いって。お口で話そうね。
- ○○ちゃんは、ぶつかって痛かったんだよね。

保護者への対応ポイント

頻繁なトラブルは、ケンカをした子の保護者同士の関係に影響を及ぼしたり、子どもの立場が悪化するなどします。双方に状況を伝えて、互いに誤解しないように配慮しましょう。

サポート例 2 「叩いた」ことが発端ならわざとかどうかを

衝動性が強い特性がある子は、目の前の出来事にすぐに反応しがちです。偶然体に手がぶつかったのに、「叩いた！」とケンカに発展することもあります。そんな場合、止めた後に「わざとぶった」か「ぶつかった」のかを聞き、双方に考えさせます。衝動性の強い子が「私をぶった！」と思い込んでいたら、「手を回したら○○ちゃんに当たったのかも？」と柔軟に考えるように伝え、双方で話し合うことが大切です。

サポート例 3 保育者が中に入って気持ちの整理を

子どものケンカには様々な原因がありますが、保育者の対処により子どもが成長する機会にもなります。仲良く遊びたくても、気持ちを伝える言葉がわからないようなら保育者が仲立ち人になります。例えば「仲直りするにはどうしたらいいの？」と、解決法を双方の子に尋ねます。子どもたちがケンカの原因を考え、「自分が悪かったのかも」という反省心が芽生えたら、自分を見つめ直す成長につながったと言えます。

Message 保育の現場から

- 基本的には子どもたちに任せて見守り、危険なときは即ストップします。
- その子の気持ちを代弁したあと、相手の子の今の気持ちはどうなのかをその子に話しました。双方の気持ちがわかりあえるように伝えました。

> 友だちとの関わり方

自分のペースややり方に強くこだわる

順番を待っているときやみんなで交代するあそびの際に、自分のルールややり方を押し通す子どもがいます。そんな子は次の行動への切り替えができない、周りの状況や人の気持ちが読めないなどの特性が考えられ、その子に合わせたサポートが大切です。

気になる子の中には自分だけのルールにこだわり、状況を無視してそれを押し通したり、他の子に押し付ける場合があります。その子にとって欠かせない行動で、やらないと不安になってしまうようならある程度まで認めてあげてもよいでしょう。ただし、周囲の人の気持ちを無視したり園の活動全体に支障を出さないように、マナーと約束厳守をしっかり教えましょう。

考えられる背景と子どもの思い

- 夢中になると周囲の状況が見えない。
- 他の人も、自分と同じ気持ちだと思い込んでいる。
- 自分のやり方でないと不安になる。
- 気持ちを切り替えるのが得意でない。
- ★どうして交代しないといけないの？
- ★私が決めたんだからやるの！

― こんなサポートをしよう！ ―

サポート例1 言葉で理解が難しければ視覚情報でサポートを

　自分のルールやこだわりを持つ子は、それがその子にとって安心感を求める行動であり、ストレスや不安の増加により強まるとされます。言葉で理解できない子には、例えばパネルシアターを使って視覚的にマナーやルールを教えるとわかりやすいでしょう。あそびでも順番を示すイラストの表があれば、目で確認して次の予測が立てやすくなります。本人の気持ちを受け止め、見通しを持てるような支援をしましょう。

「そのとき」の声掛けは

- お友だちがみんな困っているから、渡してあげてね。
- もっと乗っていたいの？○○ちゃんの次に乗ろうね。
- あと3回してから、交代しようね。
- そこを動かないと、ぶつかって危ないから移ろうね。

サポート例2 相手の思いや願いに気づき自分を客観視できるように

　こだわりが強い子は、自分が楽しいことは相手も楽しいと思い込んでいる場合もあります。保育者にはその子の心を理解し、不安を解消するサポートが求められます。例えば4歳〜5歳児で文字が読めるなら、ひらがなカードでの言葉作りゲームで「好きな色は何ですか」と聞き、相手が自分と違う色を作れば他者との相違に気づくきっかけ作りになります。また絵カードを使って状況を理解してもらうのもお勧めです。

サポート例3 思う存分こだわれる時と場所を作って

　自分のルールやペースにこだわる子は、好きなこと（もの）嫌いなこと（もの）、やりたいことやりたくないことが他の子と比べて明確です。その強い意志が自己研鑽や集中力につながるなら、何かに没頭できる時間や場所を作ってあげたいもの。例えばスポーツのこだわりだったら、本を図書館から借りて深く知るのもいいでしょう。また「右手だけ使う」というこだわりにみんなが共感したのなら、あそびに発展させるのも。

保護者への対応ポイント

家庭でのこだわりや子どもなりのルールを、確かめましょう。園での出来事を共有し、気持ちを切り替える方法を考えます。落ち着いたら子どもに共感を示しつつ、親子で話し合うように勧めます。

Message 保育の現場から
- みんなが困らないなら、特別扱いしない範囲で対応します。
- 本人のペースを認め無理にさせません。人に合わせることより、本人の「できた」という達成感を大切にし目標に向かっていけるようにします。

第2章 シーン別・対応＆サポート実例

登園のとき｜保育活動のとき｜友だちとの関わり方｜ことばの問題｜行動の問題｜降園のとき

友だちの顔や名前が覚えられない

友だちとの関わり方

子どもの頃は顔や名前の覚えもよく、あまり努力する必要はないものですが、中には顔や名前を覚えるのが苦手な子もいます。結果として、友だちと仲よくなることができずに、孤立してしまうことになる場合も考えられます。

顔や名前が覚えられないという状況は、発達に問題がある場合に見られる典型的な事例の一つであることを理解しておきましょう。保育者は、子どもが顔や名前が覚えられない状況にあることを、友だちと接する態度や表情などから把握する必要があり、その上でその子に合った適切な支援をしていくことが不可欠です。

考えられる背景● と子どもの思い★

- 友だちや他の人への関心がない。
- 音の認識力が欠けており、言葉の発達が遅い。
- 友だちと関わるだけのコミュニケーションの能力が欠けている。

★あの子、見たことあるけど誰だっけ。
★人が多くて覚えられないよ…。

こんなサポートをしよう！

サポート例1 友だちの名前を繰り返して記憶に定着

　大人でも人により髪型や着ている服が異なるだけで、人物の特定が難しくなる場合がありますし、そもそも他者への関心がなければ顔や名前は覚えられません。その対策として、保育者は周囲の友だちに関心を持ってもらえるような支援を実践します。具体的には、その子の前で友だちの名前を繰り返すことです。「○○ちゃんが一緒に遊ぼうって言ってるよ」と、顔と名前が記憶に定着するような声掛けを行います。

「そのとき」の声掛けは

- ○○ちゃんが来たね。「おはよう」ってあいさつしよう。
- 今日は○○ちゃんのことをよく覚えておこうね！
- ゆっくりでいいから、○○ちゃんの名前を何回も呼んでみよう。

保護者への対応ポイント

　自分の子どもが顔や名前を覚えられないという認識がない保護者もいるため、この点は共有しておきます。テレビを見ながら出演者の名前と顔を一致させるなど、あそびとして取り入れてもらいます。

サポート例2 友だちの特徴を伝えて、印象づけを

　顔の認知は、少しの表情の違いでも影響してくるものであり、同一人物として認識できないために相手の存在が覚えられないこともあります。保育者はその子に寄り添い、「○○ちゃんは目が大きくて、いつもすぐにあいさつしてくれるね」「○○ちゃんは目の下にホクロがあるね」などと顔や生活態度の特徴を伝えて、子どもの印象に残るように支援すると効果的です。また、名前を記入した写真カードなども用意して、顔と名前を学習してもらいます。

サポート例3 音の認識が十分でないことへの対応

　顔や名前が覚えられない理由に、音の認識も関係してきます。「ゆうたくん」が「ゆうやくん」と、その時々で違って聞こえてしまうことなども、名前を覚えられない、顔と名前が一致しない原因となります。そのような子は言い間違いも多くなりますので、保育者はその点も察知した上で、聞き間違いしやすい名前をゆっくりと発音し、さらに名前と顔写真のカードを見せるなどして確認させます。

Message 保育の現場から

- 「花いちもんめ」や「かごめかごめ」などのように、名前を呼ぶようなあそびをよくするようにしています。
- 顔写真と名前のかるたで遊んで、顔と名前の一致をはかっています。

| 友だちとの関わり方 |

嫌がることを言ったり、ちょっかいを出す

友だちの状況に関わらず、嫌なことばや乱暴なことばで傷つけたり、しつこくかまう子がいます。悪気はないのですが人と関わることや、相手の気持ちや反応を推し量ることが苦手であるなど、いろいろな要因が考えられます。

友だちが嫌がって逃げたり困惑するのを面白がり、しつこくかまうなどの子どもにはいろいろな理由が考えられます。深刻な「いじめ」につながるかどうかすぐに断定できませんますが、現実に心が傷つく子どももいます。その子が秘めている友だちへ関心や思いも大切にした、冷静で適切な援助をします。

考えられる背景●と子どもの思い★

- その場で使ってよいことばと、悪いことばの区別ができない。
- 自分の思いが第一で、相手の嫌がる表情や気持ちが読めない。
- ★仲よくなりたいけど、どうしたらいいのかわからないんだ。
- ★嫌がったり驚くのが面白い！

———— こんなサポートをしよう！ ————

サポート例 1

「良いことば」「悪いことば」を教える

ことばが人を傷つけることがわからなかったり、語彙が少ないことが考えられます。悪いことばや乱暴なことば遣いをしたら、その場ですぐ「そんなことを言ってはいけません」と注意します。絵カードなどで「どう言えばいいのかな？」と問いかけ、悪いことばの「言い換えあそび」もいいでしょう。相手が「いや！」と拒絶したら、すぐにやめることをクラスの約束として、ルール表などを貼って共有するのもお勧め。

「そのとき」の **声掛けは**

- お友だちが「イヤだ」って言ったら、やめる約束だよ。
- 「ダメ」って言っているから、先生と外で遊ぼうか？
- 大きな声で急に言うと、友だちがビックリするから小さな声で話そうね。

サポート例 2

友だちとの関わり方の正しい順番を

遊びたくても相手に対し何ならよく、何をしてはダメなのかわからない子どももいます。そんな子には例えば、「すぐ遊びたくても、まず『一緒に遊ぼう』って聞いてみようね」と、相手の状況や気持ちを思いながら、自分の願いを伝える手順を教えます。また、人を驚かせ面白がる子には、活動の中で「スゴイね、よくできたね」など、正しい行いを褒めることで、褒められ感謝される喜びが生まれ育つようにします。

サポート例 3

相手の表情を見て、気持ちを考える練習を

相手の表情から気持ちを読み解くことは、人との接触機会も少なく経験値が低い子どもには難しくて当然。保育者はその場で、「嫌だってお顔しているよ」と語りかけて、相手の表情と気持ちを推し量る機会にします。相手の気持ちを理解するには、子ども自身が気持ちをことばにする習慣が大切です。家庭的な事情もありますが、「寂しかったんだね」などと子どもに共感を示し、気持ちを表すことをサポートします。

保護者への対応ポイント

我が子がいじめっ子だと、誤解させない配慮が大切です。日常生活の中での会話と、日々の話を聞いてあげているかを確認します。そして保護者と連携し、日ごろから優しいことばをかけるようにします。

Message 保育の現場から

乱暴なことば遣いやちょっかいがやまない子どもには、事故が起こらないように間に入って止めています。手を握って目を見ながら「先生と遊ぼうか？」などと、他に興味を移すようにしています。

友だちとの関わり方

特定の子や保育者の そばを離れない

保育者から離れなかったり好きな友だちに抱きついたり、あるいは手を離さなかったりという、人との距離感が理解できていない子がいます。特に相手が嫌がっている場合などは、その背景を探りつつ適切な支援を行っていく必要があります。

特定の子や保育者から離れないような子どもは、人との適切な距離感がわからず、相手の気持ちを考えることができていないことが多いです。好きな子や執着している友だちが嫌がっていようが、困っていようが行動をやめないため、放っておくと友だちに嫌われ、いじめへと発展してしまう心配もあります。

考えられる背景●と子どもの思い★

- ●友だちとの接し方や距離感が、よくわかっていない。
- ●自分の気持ちを抑えることができず、相手の気持ちもわからない。
- ★好きな友だちといつも一緒にいたい！
- ★好きな子のそばだと安心するし、触っていたい！

― こんなサポートをしよう！ ―

1 友だちの気持ちを保育者が代弁

相手の気持ちを考えることが不得手な子どもには、保育者が間に入って、友だちの気持ちをていねいに代弁してあげるようにします。「○○ちゃん、嫌がっているから抱きつくのはやめてね」などと、友だちが嫌がっていることを伝え、勝手に体に触ることはよくないことを教えます。もしも抱きついたり体に触りたいのであれば、友だちに確認して「いいよ」といったら、そうしてもいいことも理解してもらいます。

2 年齢に応じた距離感を子どもに教える

子どもへのコミュニケーション方法は、年齢とともに変わってきます。3、4歳になれば、相手のことを考えた関わりができるようになってくるものです。それができない子は避けられてしまう可能性もありますので、年齢に応じた適切な人との距離感やコミュニケーション方法を教えることが大切です。また、保育者から離れない子は、「先生、ご用事があるから友だちと遊んでいてね」とやさしく伝えます。

「そのとき」の声掛けは

● ○○ちゃんに、「抱きついていい」って聞いた？
● 友だちが嫌がるようだったら、すぐにやめようね。
● もしも何か嫌なことや心配なことがあるなら、先生に教えてほしいな。

保護者への対応ポイント

家庭でも、何かする際は子どもの了解を得ることをすすめます。片づけをさせるときに、「その絵本を本棚にしまってくれる？」とコミュニケーションをはかりながら行うことを習慣にしてもらいます。

3 不安を取り除いてあげるような対策を

安心感を求めて友だちに強く抱きついたり、保育者のそばを離れないような子は、不安を解消してあげることがそのような行動を抑止することにもつながります。保護者が迎えに来る時間が遅れているような場合は、「もうすぐ迎えに来るって電話があったよ」と不安を取り除いたり、「おしくらまんじゅうをしようか」などと、体を使ったあそびで不安を紛らわせるとよいでしょう。

Message 保育の現場から

・友だちにすぐに抱きつく子がいたのですが、そのような気持ちになったときはお気に入りのクマのぬいぐるみを抱きしめるように教えました。
・パペットや人形を使って友だちの気持ちを伝えるようにしています。

友だちとの関わり方
友だちの中でぼんやりしている

みんなであそびや活動をしているとき、一人ぼんやりしている子がいることがあります。ぼんやりする時間は子どもにとって必要ですが、クラスの活動に影響があるような場合など、シチュエーションによっては何らかの対策をしなければなりません。

みんなで活動している最中に、ぼんやりとしていて、心ここにあらずといった感じで、人の話を聞いていないように見える子どもがいます。どのようなときに子どもがそのような状態になるのかを、保護者と連携し観察して判断するようにし、原因を明確にした上で適切に支援していくことが大切です。

●考えられる背景● と子どもの思い★

- やっている活動に飽きてしまって集中できない。
- 見通しが持てず自分が何をやったらいいのか、よくわからない。
- 他のことが気になっている。
- ★何だか疲れちゃったな。
- ★このあそび、面白くない！

―――― こんなサポートをしよう！ ――――

サポート例 1 声掛けをして活動が進むよう後押し

　ぼんやりしている子のもとに行って声掛けすることで、活動に戻してあげます。やるべきことが決まっているのであれば、子どもに手順を確認するようにします。例えばお絵描きであれば、「次は色を塗ればいいんだよ」などと、活動が進むように後押ししてあげます。自由あそびの時間などでやるべきことがわからないのであれば、「先生と一緒になわとびしようか」など、保育者がリードして子どもを活動に参加させます。

「そのとき」の声掛けは

- 何を描くのか決まったかな？ 大好きな犬の絵なんかどうかな？
- お着替えのしかたを忘れちゃった？ まずは右腕を袖に通すんだよ。
- 少し休んでから遊ぼうか。

サポート例 2 子どもの困りごとを見極める

　やり方がわからなくて、行動がストップしてしまっている場合もあります。例えば着替えであれば、一連の流れを説明しながら着替えをさせていきます。着替えのすべてを手伝うのではなく、自分でやらせるところと、手伝うところを分けて、達成感を感じてもらうようにします。保育者から声をかけられて、ようやく活動を始める子もいますので、保育者は子どもが困っている状況を見極めて対応していきます。

サポート例 3 刺激の少ない落ち着ける場所に

　疲れ切ってしまっていたり、寝不足で眠い可能性もあります。そのようなときは、「どうしたの？ 疲れちゃったかな。少し休もうか」などと本人に状態を聞いて、無理をさせずに別の場所や部屋の片隅で休ませます。また、集中力が低下して、行動をコントロールできなくなっているような場合もあります。このような状態で活動する際は、声掛けを増やしつつ、子どものペースに合わせることを優先します。

保護者への対応ポイント

　園でぼんやりしていた状況を保護者と共有し、寝不足であれば生活リズムの改善を求めます。家庭でもぼんやりしがちであるならば、適度に子どもが興味を持つ刺激を与えることをすすめます。

 Message 保育の現場から
- 室内での活動ばかりだと集中力が途切れてしまうので、屋外で体を動かす活動をうまく取り入れるようにしています。
- 集中力の状態を見て、その子どもが興味を持つ活動を選ぶようにしています。

友だちとの関わり方

勝ちにこだわり、負けを認めない

誰しも勝負で負けることは好みませんが、極端に勝ち負けにこだわる傾向をみせる子どもがいます。性格や成育環境の影響もありますが、勝負に勝つことや一番になることへのこだわりが強く、その思いが叶わないと泣き出して周囲を困らせることもあります。

子どものあそびの中で勝ち負けが生じる場合、負けて悔しがり大泣きしたり乱暴をする子がいます。最近では勝ち負けや順位をあえてつけない園もありますが、全てのあそびで勝敗を除くことは困難です。このような子に対しては、周囲との折り合いをつけるためにも保育者が支援していく必要があります。

考えられる背景 と子どもの思い

- あそびで自分が負けることを受け入れられない。
- 誰かと勝ち負けを決めるような経験をしたことがない。
- 負けて、からかわれたことがある。
- ★どうしても一番になりたい！
- ★負けそうだから、もうやめた。

こんなサポートをしよう！

サポート例1　子どもの悔しい気持ちを認めて

勝ち負けや順位にこだわりがある場合、まず保育者は子どもの気持ちを受け止めます。誰かに理解してもらうことで、泣いていた子も少しずつ落ち着くことができるようになります。落ち着いたところで、①勝負は負けることもあること、②思い通りにはならないこと、③勝ちばかりがすごいのではないこと、を教えます。また、例えばかけっこならば「走る姿がかっこよかったよ」とすぐに褒めることも大切です。

「そのとき」の声掛けは
- 負けて悔しかったんだね。つらかったね。
- これからゲームをするけど、負けても泣かずに頑張ることが大事だよ。
- 走りきった人はみんな金メダルだからね！

保護者への対応ポイント

勝ち負けや一番へのこだわりが強いことを伝え、家庭での兄弟間の状況などをリサーチします。兄弟ゲンカをしたときや成績などで、保護者がどちらかに優劣をつけずに対応することをすすめます。

サポート例2　勝負の前に、負ける可能性があることを伝える

勝つこと、一番になることしか考えていなかった子は、予想外の結果だと受け入れることができないものです。負けて泣き出したり、周囲に八つ当たりをしてしまう子に対しては、あそびをする前に負けることもあるとあらかじめ伝えておきます。そして、負けるのは悪いことではないこと、次の機会に頑張ればよいこと、最後まで頑張ることがすごいこと、などを伝えます。

サポート例3　勝ち負けや一番という考え方を取り除く

普段のあそびに、「やったね。〇〇ちゃんが一番です！」などと勝負心を掻き立てるような声掛けをしない方法もあります。勝ち負けや一番という言い方をやめて、かけっこであれば最後まで走りきった人はみんな「金メダル」などと設定します。また、数の思考が未発達で一番以外の概念がわからない子もいます。あそびに数字が出てくるものを取り入れ、2番や3番もすごいということを理解させるのもよいでしょう。

Message　保育の現場から
- 違うあそびを提案して気持ちを変えさせるようにしています。
- 負けてしまったときのくやしい気持ちの表現方法を、あそびを始める前にみんなで一度リハーサルをしてから活動するようにしています。

友だちとの関わり方

与えられた役割ができない、指示にしたがえない

団体ですごすことが基本となる園では、子どもが与えられた役割分担を行ったり、指示にしたがわなければならないシーンが多々あります。それにもかかわらず保育者からの言葉を理解できず、自由な行動をとってしまう子もいます。

保育者が片づけなどの役割を子どもに伝えても、役割を果たさないで違うことをしていたり、やってほしいことの指示を出しても、その通りに動いてくれなかったりする子どもへの対応では、原因を明確にする必要があります。例えば子どもに保育者の言葉が正確に伝わっていないことが原因の一つになります。

● 考えられる背景 ● と子どもの思い ★

- 保育者の言葉が理解できていない。
- 他のことに気をとられて、保育者の言葉を聞いていない。
- 言語の理解力がゆるやかで、言葉だけで聞いた情報を処理できない。

★ 何をすればいいのかわからないよ。
★ 先生の言っていたこと忘れちゃった！

― こんなサポートをしよう！ ―

サポート例 1　その子に対して、個別に言葉を

　保育者の言葉（全体指示）が、自分に言われていることだとは思っていない子もいます。みんながいる場所で指示する際、その子がちゃんと聞いているかを確認した上で、指示を出すようにします。その子が聞いていないようであるならば、「○○ちゃん、これから外に出るから準備してね」と目を見て名指しの声掛けをするようにします。その子どもが理解できるように、指示は簡潔かつ具体的に伝えることが重要です。

「そのとき」の声掛けは

- ○○ちゃんは、本棚のお片づけをお願いね。
- 先生と同じようにやってみようか。
- これから大事なお話をしますから、先生のほうを向いてしっかりと聞いてね！

サポート例 2　役割を絵にして見せたり、保育者が実践を

　言葉だけでは理解しきれず、自分の役割がよくわかっていないケースでは、役割を絵にしておいて説明したり、保育者が自らやってみせて説明します。「こんなふうに○○ちゃんもやれるかな？」と返事を求め、指示が子どもに伝わっているか確認します。うまくできたら、よく褒めてあげることも忘れてはなりません。そうすることで、次回に同じ指示を出したとき、積極的に取り組んでくれることが期待できます。

サポート例 3　集中できるような状況にしてから指示を

　集中力がなくて、保育者の話を聞いていないのであれば、集中できるような環境を作ってから、指示を出すようにします。何もかかっていない白い壁を保育者が背にし、窓のカーテンを閉めて外の情報をシャットアウトするなど、子どもが保育者の話に集中できるようにしておきます。その上で、「大事なお話をするから、よく聞いてね」と、注目を集めるような声掛けをしてから指示を出すようにします。

保護者への対応ポイント

　家庭でも日常的に保護者のお手伝いをするようにしてもらいます。例えば、机の上の片づけなど、日常での子どもの役割を決めてもらい、役割を果たす癖を子どもにつけてもらいます。

Message 保育の現場から

- 役割を果たしたら、必ず「すごいね」と褒めてあげ、達成感を感じてもらうようにしています。
- その子がわかるような言葉を使うことを意識しています。

友だちとの関わり方

人の気持ちや空気を読めない

みんなで遊んでいるとき、友だちが怒っていることがわからなかったり、やめてほしいという気持ちを察することができない子がいます。その子が人の気持ちや表情、空気を読めないことに原因があることが多く、適切な支援が求められます。

友だちに対して傷つくようなことをしたり、言ったりする子がいます。その友だちに嫌がられているのに気づかないままやめようとせず、保育者が間に入らなければトラブルになるケースもあります。顔の表情や態度で、その友だちがどのような感情にあるのか判断できないことが、そのような行動の原因と言えます。

考えられる背景● と子どもの思い★

- 自分が第一で、相手の気持ちがわからない。
- 相手の表情や状況を理解できない。
- 良い言葉と悪い言葉を判別できない。
- ★ 思ったことをやっただけなのに、何で怒られるの？
- ★ 何で言ってはいけないの？

こんなサポートをしよう！

サポート例 1　保育者が代弁者として気持ちを説明

　自分の言動で友だちが傷ついたり、嫌な思いをしているのがわからない子どもは、自分では悪いことをしているという自覚がないことが多いです。したがって、その子が行っている行動や状況などを、保育者がきちんと説明してあげる必要があります。相手が嫌がることをしたのなら、「○○ちゃんが嫌がっているよ。悲しそうな顔をしているよ」と細やかに説明して、本人に悪いことをしているという自覚をうながします。

サポート例 2　みんなでやってはいけないことのルールを

　友だちが嫌がる言葉や行為を、絵でまとめてみんなで話します。例えば①言葉であれば、「バカ」や「変な顔」、「嫌い」など人が傷つく言葉は使わない、②行動ならば並んでいる列の横入りをする、友だちが作っている積み木などを倒す、体を叩くなどはしないことをルールとして決めます。子どもたちに使ってはいけない言葉や、やってはいけない行為をあげてもらって、みんなでルールを決めてもいいでしょう。

「そのとき」の声掛けは

- お友だちがせっかく作ったものを壊したらダメだよ。
- それはみんなでルールで決めたことだから、やってはいけないよ！
- 絵本の主人公はどう思ったかな？

保護者への対応ポイント

　テレビや絵本を見るときに「主人公はどんな気持ちだろうね」と子どもに聞いてみるなど、相手の気持ちが理解できるように意識する練習や経験を重ねてもらうようにアドバイスします。

サポート例 3　絵本を通じて、相手の立場を理解することを

　社会性がまだ育っていない子どもに、相手の立場に立って考えるよう伝えても通じず、そもそも相手の立場に立つという考え方がわかりません。まずはその訓練をする必要があり、中でも絵本の読み聞かせが訓練には最適です。読みながら、途中で子どもに「この人はどう思っているのかな」と登場人物の気持ちを聞いていき、「悲しかった」「嬉しかった」といった人の気持ちについて、絵本を通じて感じ取ってもらいます。

Message 保育の現場から

- 表情の意味を教えるため、保育者がいろいろな表情を作って、どんな気持ちになっているか、子どもに答えさせるようにしています。
- ダメなことは「ストップ」のサインなどで視覚的に伝えています。

ことばの問題

すぐわかるような ウソをつく

どうしてウソをつく子どもがいるのでしょう。想像力が豊かなのかもしれませんが、友だちや保育者に注目されたいためだったり、いたずらを叱られたくないためなどウソの理由は様々です。すぐに感情的に怒ったり言い直したりするのはNGです。

保育者の注意をひくためにウソをついたり、空想上のいないはずの友だち（イマジナリーフレンド）の話をすることは多く見られます。これは虚言癖などの病的なものでなく、成長過程によくあることです。子どものウソは話半分に聞くことが基本ですが、ウソの背景を考えることも必要です。たとえ非現実的な話をしても、保育者は突き放さずていねいに聞いてあげます。

考えられる背景 と子どもの思い

- 嫌なこと、つらいことから空想（ウソ）に逃げるため。
- 見栄を張りたい、注目されたいため。
- 幼児期は頭に浮かんだことと、現実の区別があいまいなため。

★みんな驚くのが面白いんだ！
★私、悪いことしていないのになー。

こんなサポートをしよう！

サポート例1 なぜウソをつくのか、原因を知ること

3〜4歳までは現実と自分の空想を混同しがちで、ウソもほとんどが他愛なく深刻なものではありません。空想との混同以外にもウソをつく背景は様々です。考えられるものは大きく分けて、①特定のものや事柄への願望の強さから、②自分の失敗など本当のことを言って叱られたくないから、③保育者や友だちに認めてほしいから、④不安感や困ったことから空想へ逃避する、⑤周囲を驚かせたいから、⑥見栄をはる、などがあります。

サポート例2 子どもの願い・思いを受け止めて対応

子どものウソには過剰反応しないのが基本対応です。しかし、現実認識が弱い子が空想と混同している場合は、わざとウソをついていないので子どもの思いを受け止め、現実との相違をやさしく言い聞かせて納得させます。例えば「園庭のオオカミ、先生がおいはらったから安心だよ」などと、子どもの目を見ながら伝えます。願望や希望がウソになることも多く、保育者はその思いを素直に受け止めて対応ことが大事です。

「そのとき」の **声掛けは**

- そうか、〇〇ちゃんはゾウさんを飼いたかったんだね。
- ウソをつかれると、お友だちも悲しい気持ちになるよ。
- ほんとー、すごいね！大きな車に乗りたいんだよね。
- そうかー、じゃあ〇〇ちゃんはどうしたらいい？

保護者への対応ポイント

「今日は給食全部食べたんだよ！」など、親であればすぐわかるウソには、親に褒められたい、喜ばせたいなどの温かな気持ちが隠されています。その気持ちを受け止めてあげるように、アドバイスします。

サポート例3 その子を見守りウソをつく背景を

失敗したくなかったり、叱られたくない、注目してほしいためにウソをつく場合もあります。他の子の物を勝手に使ってなくしてしまい「〇〇ちゃんがいいよっていうから」と身を守るためのウソでも、子どもの言い分を十分に聞くようにします。頭ごなしに「ウソはダメ！」と叱ると、またウソを重ねることになるからです。顔色や表情、体調などが「いつもと違っている」かどうか、全体を見ることが大切です。

Message 保育の現場から
- 子どもがウソをついたら、その理由を探るくらいの余裕を持ちましょう。
- 「〇〇ちゃんは叩くからイヤ」と真偽不明なことを言っていても、まず様子を見て、その気持ちに寄り添うようにしています。

ことばの問題

すぐに「できない」と言って投げ出す

新しいもの、初めてのことに戸惑うのは大人でもありますが、やる前から「できない」と言ってあきらめる子どもがいます。それが習慣化すると「あきらめ癖」となる恐れが…。やる気を引き出し、チャレンジするためのサポートを探りましょう。

できないからと安直にやめてしまうという子には、成功する見通しが持てなかったり、失敗して笑われたくないという不安感があります。あまりに強い子は、これからの集団生活や学習の障害になる可能性もあります。保育者は子どもに、「次こそできるぞ！」という「自己肯定感」と、自らの意思で行動を管理できる「主体性」を持たせることが大切です。

考えられる背景●と子どもの思い★

- 自己肯定感が低く、何ごとも失敗するのを恐れる。
- 新しいことへの対応ができない。
- 次の見通しが立てられないことは、自分からやらない。
- ★ うまくできないと笑われそうだから。
- ★ あまり楽しそうじゃないから。

こんなサポートをしよう！

サポート例1 あきらめ癖をつけない支援を

最初は「もう少し頑張ろう」など声掛けをしていても、全く動かなかったり投げてしまう子に、「じゃあ、もうやめようか」と言うのはNG。子どもは、誰しも最初から「やめたい」と思っていません。この質問は「もうやめたほうがいいんだ」と思わせてしまい、あきらめ癖を助長します。小さなことでも「やった、今のは大成功だね！」など言葉にして褒めましょう。また、その子ができやすいところまで援助してもいいです。

サポート例2 写真やビデオで予習して見通しを持てるように

あきらめ癖が芽生えそうなら、その子に早めに予備知識を与えるのもいいです。子どもが前もって心の準備ができるように、写真やビデオを見てもらいましょう。全体像がわかれば見通しが持ちやすくなり、安心して取り組めます。これは興味や関心が薄い子や、集中が続かない子にも効果的です。また、同時に「面白いダンスだね」とか「覚えると楽しそうね」などと、子どものチャレンジする気持ちを励ましてください。

「そのとき」の声掛けは

- 一所懸命やればいいよ、先生も応援してるよ。
- 先生と「ソーラン」の練習しておこうか。
- はじめはうまくできなくても、いいんだよ。
- 先生がずっと見ているから、安心してね。

保護者への対応ポイント

保護者は飽きっぽい性格と感じて「きちんとやりなさい」と叱咤しまいがち。強制されるほど子どもの気持ちは沈んでしまいます。「どこができなかったんだろうか？」と一緒に考えるようにアドバイスを。

サポート例3 スモールステップで"続ける癖"を

最後までできる目標達成でなく、達成しやすい目標を設定して少しずつ進めるスモールステップを取り入れます。小さなことでも「よくできたね！」と大げさなくらい褒めましょう。「できた」という成功体験の積み重ねが、あきらめ癖に対して"続ける癖"になるはずです。また、つまずいた場合もその子がうまくいったところまで戻って、やり方を少し変えるようにすれば新たな気持ちで始められます。

Message 保育の現場から

- やってみたくなるお手本を見せ、少しでもできたら褒めてあげます。
- 家庭と共有し、買い物でも「赤いリンゴを持ってきて」など、子どもが自分で考えるような言葉掛けなどをお願いしています。

ことばの問題

状況を問わず、ずっとおしゃべりを続ける

集まりで保育者が子どもたちに話している最中に、遮ってしゃべり出してしまう子や、友だちが嫌がっているのにかまわず話し続けるなど…。子どものおしゃべりに関するトラブルを解決し、場面に応じた態度や話し方のルールが守れるようにしましょう。

TPOをわきまえず話し出したり、おしゃべりが止まらない子どもはたくさんいます。こだわりが強く会話のやりとりを理解できなかったり、衝動性が高くて突然話し出す特性を持つ場合もあります。保育者にはいろいろな原因を探りながら、その子に合った対応が求められます。何度も同じ話をしたり、全く会話が成り立たない子は、専門家に相談する場合もあります。

考えられる背景●と子どもの思い★

- ●自分の世界に没入して、置かれた状況や周りが見えない。
- ●保育者や周囲の気を引きたい。
- ●話し方のルールがわからない。
- ●話したい内容をまとめられない。
- ★もっと〇〇ちゃんとお話ししたい。
- ★話していないとドキドキするんだ！

こんなサポートをしよう！

サポート例 1　おしゃべりしてはいけないときには

状況を判断するのが苦手な子は、今は何をするときかわかっていない場合があります。保育者や友だちが話しているときにしゃべり出した子には、「静かにする」と描かれた絵カードなどを見せて、話を聞くときであることを視覚的に伝えます。おしゃべりの最中は、他の声は聞こえていないので効果的です。あらかじめ「口に人差し指を当てたら話さない」と動作をつけて教え、真似てもらうと伝わりやすいです。

「そのとき」の声掛けは
- お口に指を当てたカードを出したら、お話はストップ。
- 今は聞く時間だよ。先生が終わったら話そうね。
- すごい！　今日は上手に先生のお話が聞けたね。
- 時計の長い針が、3になるまでお口はチャックだよ。

サポート例 2　相手かまわずしゃべる子には会話の楽しさを

衝動性が強く感情のコントロールが苦手な特性を持つ子は、ふいに言葉が出てしまう場合もあります。また、興味・関心ごとが刺激されると、そのことで頭がいっぱいになり止まらなくなる子もいます。一方的なおしゃべりが多い子には「交互に話す・聞くゲーム」で言葉のやりとり教えます。なぞなぞやしりとりをグループで行い、ボールを持った子が話した後、答える子に必ずボールを回すなどして楽しみます。

サポート例 3　おしゃべりの原因である不安を解消するには

神経が過敏な子は周りの環境の変化や、人との関わりで不安や緊張が高まりおしゃべりになる場合も。保育者が普段と違う服やメガネだったり、苦手な活動があるなどの小さな不安からおしゃべりが出るようです。他の保育者と連携し記録を確認するなどで原因を推察します。子どもの不安を解消するには、絵カードの雨を見せて「お外が雨なので」と言い、次に「お絵描き」を見せるなど視覚的に伝えると効果的。

保護者への対応ポイント

子どもの止まらないおしゃべりに悩んでいる保護者には、子どもの話を区切り、「あと◯分でお料理作り終わるから、その後また続き聞かせてね」と見通しを持たせ、約束を守るようにアドバイスします。

Message 保育の現場から
- 「ちょっと後で」とか抽象的な時間を言わず、具体的な設定をします。
- その子に状況を見て聞いてもらう嬉しさを知ってもらい、友だちにもできるように約束します。

ことばの問題

園では自分の思いを話せなくなる

園ではあまり自分から話し掛けない子がいます。家庭では普通に話しているのに、いつも聞き役になって自分の意思を見せることはありません。言葉が出ないわけではないのですが、不安や緊張感が強く安心して話せない子のサポートをします。

家族以外の人と話すことに強く緊張し話し掛けられない子の場合、意思表示をしやすくすることがポイント。「何を作ってるの」など漠然と尋ねるのでなく、「かわいいお城できそうね」とその気持ちを推察して思いを言葉にしてあげます。人との会話自体が苦手なら、話さなくてもいい運動やあそびをして、友だちとコミュニケーションをはかれるようにします。

考えられる背景●と子どもの思い★

- 人との関係にプレッシャーがある。
- 園で話そうとすると、極度に緊張してしまう。
- 周りの人との関わりに興味がない。

★だってお話するの恥ずかしいんだ。
★怖くてドキドキしてしゃべれない！
★何を話したらいいかわからないよ。

― こんなサポートをしよう！―

サポート例 1 受け入れられていると感じ "安心感"を得られるように

園で話せない子は、コミュニケーション不足から子どもたちから孤立してしまう恐れがあります。保育者はその存在を認め、緊張や不安に対処することが求められます。そのポイントは①話さなくても生活できる環境作りをいろいろ試す、②保護者に状況を伝え話を聞いてあげるように頼む、③園の外なら話せる場合は好きな友だちと外で交流させる、④小学校と相談し将来的な子どもの負担を減らす、などです。

「そのとき」の声掛けは

- 困ったときは先生のお腹をトントンしてね。
- 先生は〇〇ちゃんのこと、大好きだよ。
- 先生の耳に、そっとお話ししてくれればいいよ。
- お話ししたくなったら、先生にカードを見せてね。

保護者への対応ポイント

保護者との連絡を密にして、お家での様子を聞きましょう。そして、許可を得て園外での友だちとの交流が可能なら、そこで普通に会話することに慣れてもらいましょう。徐々にその回数を増やします。

サポート例 2 いつも味方だよと知らせる

保育者や友だちから話し掛けられると、相手の反応が想像できないためその先の見通しが持てず返事ができません。そんな子どもには自分の中にエリアがあり、ここからここまでは安心して話せる場所で、ここからここまでは話すのに緊張してしまう場所というように区分しています。保育者は「いつでも味方だよ」「大好きだよ」と言い続け、同時にいつでも安心できる場所、心が通う友だちを見つける支援をします。

サポート例 3 その子が発言しやすい工夫を

クラスの集まりなどで視線が気になり「見られていて嫌」とか、「話すのを待たれていて怖い」と恐れる子がいます。そんなときは円形に座り視線を分散させたり、保育者の横に座らせるとよいでしょう。2人で耳打ちし合って保育者が子どもの代弁をしたり、絵カードの"気持ちカード"などを使い思いを伝えるのもお勧めです。周囲にも話せないことを責めたり、会話を無理強いしないことを約束してもらいます。

保育の現場から Message
- 友だちに対して言葉が出ないようなら、気持ちを代弁して伝えます。
- "はい、いいえ"で答えられる問い掛けにし、首を振ることで気持ちを伝えられるようにします。

ことばの問題

同じ言葉や歌を何べんも繰り返す

その場の雰囲気や状況に関わらず、CMや歌のフレーズ、同じ質問や言葉を繰り返す子がいます。同じ動きを繰り返す常同行動でなく、子どもが大好きな"繰り返し言葉"をしているだけかもしれません。よく観察し適切なサポートをしましょう。

同じ歌のフレーズや流行の言葉を繰り返す子でも、コミュニケーションをとることができれば大丈夫。大切なのは、行っていいときとそうでないときがあることを理解させることです。あそびのときはやめさせる必要はありませんが、他の子どもたちが嫌がったり、園の大切な話が聞き取れない場合は別です。一緒にうたって、みんなで楽しめる機会を作ってあげることも。

考えられる背景● と子どもの思い★

- 集中すると周りが見えにくくなり、無意識に独り言や歌が出る。
- 口ずさむ歌や言葉にこだわりがある。
- 不安感があり落ち着くために、同じ刺激を繰り返す。
- ★うたっているとホッとするんだ。
- ★嬉しいと歌が出てくるよ！

― こんなサポートをしよう！ ―

サポート例 1 繰り返す言葉には理由が

　1歳の頃は、言葉の繰り返しや模倣から言葉を獲得したのですが、3歳くらいになって特定の言葉や歌を繰り返す子どももいます。口ずさむリズムや言葉にこだわりがあり、その子の興味や好みがわかります。繰り返すお気に入りの言葉を分けると、①発語しやすい言葉であること、②リズムや語感がよい言葉であること、③過去のいい記憶とつながる言葉であること、などが考えられます。

「そのとき」の声掛けは

- 今はお口を閉じて、ご飯を食べたらうたおうね。
- 会が終わったら、先生にその言葉教えてね。
- 次はみんなで一緒にうたう歌にしようか？
- 難しかったら、無理しないでちょっとお休みしよう。

サポート例 2 不安な気持ちを取り除き興味対象を

　同じ言葉を繰り返す理由は、上記の③と真逆なこともあります。嫌なことがあった活動をするときや、苦手で不安にかられている場合に、気を落ち着かせるために歌や言葉を繰り返すのです。苦手な給食なら「食べられなかったら、残していいよ」と声掛けし不安を取り除きましょう。また、歌の時間に「こんな歌知ってる？」と、複数の歌を一緒にうたって興味範囲を広げることで、繰り返しを減らせます。

サポート例 3 その子に合わせた適度な対応を

　繰り返しが多い子は、目の前の物事に集中しすぎると、周りが見えなくなる"過集中"が起こりやすいので、「赤い針が3になったらお話ししていいよ」など時間を設定しておきます。ふさわしくない場面であることを伝えると、独り言を抑えられる場合もありますが、無理にやめるとストレスで精神的な負担となるため過度の強制はNG。状況をみてトーンを調整することを、声の大小カードなどで教えるのもお勧め。

保護者への対応ポイント

　子どもが適当な歌をうたうのはよくあること。保護者に家庭での様子を聞いて、子どもがどんな位置にいるのかを知りましょう。家庭での頻度やその状況を知ることで、サポート法も変わってきます。

保育の現場から

- 何度も繰り返す質問には「これでこの話は終わりにするね」と、きっぱり終わりを伝えると「はい」と納得してやめます。
- 自作の「じゃぶじゃぶ手洗い」をうたう子にみんなつられてうたいます。

ことばの問題

質問しても話がかみ合わない

「今日の遠足はどうだった？」と聞くと、「ジュースおいしいよ」など、答えがズレてちぐはぐな子がいます。言われたほうは戸惑いますが、その子の思いを理解して汲み取ってあげることが第一。なるべくたくさん会話をし、その子の言葉の獲得を促します。

相手の言った言葉の中から意味がわかった部分にだけ反応して返事をしている子どももいます。例えば「今日はどうだった？」の質問の「今日」だけ理解し、その子が今日飲んだ「ジュース」と答えるわけです。また、まだ語彙が少ないため表現する言葉がみつからず「わからない」とだけ言うこともあり、その子に合わせた会話を楽しむ意識が大切です。

考えられる背景● と子どもの思い★

- 語彙が少なく、その場に応じた言葉の使い方がわからない。
- 他人と言葉でのコミュニケーションが怖くてできない。
- 部分の言葉だけに反応してしまう。
- ★お話しするのが面倒でイヤ！
- ★何を言っているのかわからないよ。

こんなサポートをしよう！

サポート例 1　言葉を理解できないなら2択での質問を

言葉の獲得がゆっくりな特性の子は、漠然とした質問や難しい質問には答えにくいもの。「昨日のあそび何が面白かった？」と聞くより、「絵本と紙芝居どっちが面白かった？」と2択で答えられるように変えましょう。また、インタビューごっこやパペット人形で、遊びながら言葉の練習をするのもよいでしょう。大切なのは、①具体的に聞く、②話し始めるまで待つ、③「きれいですね」など敬語でやりとりする、ことです。

「そのとき」の声掛けは

- そうか、〇〇が好きなんだ。楽しかったね。＝言語化
- 三輪車とブランコ、どっちがいいかな。＝2択化
- 靴を棚にしまいます。帽子を被ります。＝短文化
- お花だね。黄色いタンポポがきれいね！＝具体化

サポート例 2　意図を汲み取りながら、言語化して会話を

聞かれている内容も答えもわかっていても、言葉選びを間違えたり表現のしかたがわからない子がいます。会話をする機能は使うほど発達すると言われ、言葉の選択を間違える場合は「〇〇なんだよね」と正しい言葉を代弁してあげ、会話の機会を増やします。その子の思いを尊重し、伝えるためのサポートを心掛けます。「意味がわからない」などと否定するのはNG、言葉より子どもの思いを汲むことが第一です。

サポート例 3　言葉での質問をわかりやすく伝えるには

人に聞かれても何を言っているのか理解できず返事がずれてしまう子には、絵カードや写真カードのような視覚的な情報と組み合わせて会話するのが効果的です。例えば、「動物園に行きますか？」と聞きながら、動物園の写真カードなど目で見てわかる手がかりを与えます。それらのカードの情報と共に、短い文章で一つずつ伝えるのがポイントです。すぐに答えられなくても、2人でコミュニケーションを楽しめます。

保護者への対応ポイント

子どもと保護者が向き合って、ゆったり話し合える唯一の場所が家です。園での楽しい出来事を保護者に伝え、家で会話のきっかけにしてもらいます。親が「会話ができない」と諦めてはいけません。

Message 保育の現場から

- できるだけゆっくり話し、決して「違うよ」と言わないようにします。
- 年長になり急激に言葉が増えたが、会話自体を嫌がったり未熟さがあるため思いを汲み取り共感し、場に即した言い方を伝えます。

行動の問題

手や体の汚れを極端に嫌がる

水に濡れるのを極端に嫌がったり、土や砂、粘土を触るのが苦手な子がいます。個人差もありますが、その子が好む触り心地や嫌がる感触を日頃の観察から理解して、いろいろな感覚をあそびを通して経験させてあげてください。

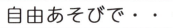

砂も水も、土だって気をつけて触れば安全で怖くなく、楽しいものということを伝えます。どんな感触なのかを言葉で説明しながら、実際に見せてあげます。例えば粘土で作った作品を見せることで興味を持たせ、少しずつ嫌悪感や恐怖心を減らすようにしましょう。また、段ボール紙や布、ペットボトルなど様々な素材を箱に入れて触るゲームなどで経験値を広げられます。

考えられる背景●と子どもの思い★

● 触覚過敏があり、過剰に反応する。
● 感覚の経験が少なく、対処法がわからずパニックになる。
● ベタベタなどの性質を予測することができない。
★ お水で濡れるのがイヤなの！
★ 汚れるのが怖いよ！

こんなサポートをしよう！

サポート例1　感覚過敏の子には正しい理解が大切

水あそびや粘土あそびができない子には、感覚過敏が考えられる場合があります。感覚過敏の子が強くストレスを感じるときは、①特定の感触に嫌悪感がわく、②小さな音もうるさく感じる、③テレビなどをまぶしがる、④わずかな匂いで気持ちが悪くなる、⑤経験不足で刺激に対して見通しが持てない、⑥慎重な性格のため、などが考えられ正しい観察と参加のしかたに工夫が必要になります。

「そのとき」の声掛けは

- ここまでのりをつけたら、次に手を拭こうね。
- 砂が痛かったんだ。足をきれいに拭けばいいよ。
- 手をタオルで拭いたら、きれいになるよ。
- 小麦粉粘土ってドロドロしてるから、面白いね！

保護者への対応ポイント

保護者には、他の子と違う感覚を持つ子がいることを理解してもらいましょう。ぬいぐるみやスポンジを触って、それが何かを当てるなど、指先の感覚とイメージを統合するあそびが効果的です。

サポート例2　その子に合った参加の仕方、触り方を

まずは、すぐに拭いてきれいにしてあげることです。砂あそびなら拭いた後に「ザラザラが嫌なのね」と、子どもの気持ちを代弁して落ち着かせます。他の子と同じような型にはめた対応は、パニックを起こすなどの恐れがありNG。例えば、砂場や水場から少し外れた場所に手袋などの道具を用意し、みんなと同じ空間で活動ができるようにします。同時に、汚れてもきれいになる見通しを伝えることも大事です。

サポート例3　普段の活動から参加しやすい環境作りを

先に紹介したように、敏感な部分や原因は子どもにより違います。さらに、ザラザラはダメだけどベタベタは大丈夫など、それぞれ個性があります。参加しやすい環境作りには、①みな同じ教材でなく様々な道具を用意する、②できる役割を任せる、③遊び方イラストを見せ見通しを持ちやすくする、④触り心地が違うものに触れる遊びを取り入れ、感触の経験値を上げる、など参加しやすい環境作りも必要です。

保育の現場から Message

- すぐに手を拭けるようにタオルなどを準備しておき、少しでもやりたくなるような環境を作っています。
- 無理強いしないで水を補充する当番などでその子に参加してもらいます。

行動の問題

特定の音を怖がり騒がしいところを嫌がる

普通の子より聴覚が敏感で、特定の音を極端に嫌がる子どもがいます。掃除機や水道の音などの生活音、赤ちゃんの泣き声や犬の吠える声などの生き物の声、突然の警報音や大勢の人がざわめく感じなど、苦手の理由を正しく捉えることが大切です。

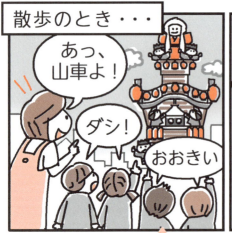

音に過剰に反応した場合＝まず可能な限り、その音源を止めます。または音源から離れた静かな場所に連れていきます。外部のサイレンなど音が消せない場合や突然の騒音には、防音性の高い部屋に移動させます。
パニックになった場合＝人のいない場所に連れていき、気持ちが静まるのを待ちます。「怖かったんだね」と気持ちに寄り添い、つらさを認めてあげることが大切。

考えられる背景● と子どもの思い★
- ●特定の音に対して過敏反応する。
- ●複数の音や声が重なると、聞き分けることができない。
- ●予想外の物音などに驚き不安になる。
- ★雨や風が鳴ってると怖い！
- ★周りがうるさいと落ち着かないんだ。
- ★みんなの声が聞こえないからイヤ！

こんなサポートをしよう！

サポート例 1　子どもの反応に合わせた対処方法を

保育園・幼稚園で、集団活動が多いのはしかたありません。保育室のざわつきが苦手な子の観察をし、その子に合わせて保育室の中に比較的静かな一画や、独立したスペースを作っておくのが理想的です。保育室に余裕がなければ遮音性のある衝立てで囲ったり、段ボールや整理棚で区切るだけでもいいです。感覚の過敏性はなくせないので、無理やり慣れさせようとすると、かえってパニックを起こすなど逆効果です。

「そのとき」の声掛けは

- この音はすぐに終わりだから、安心だよ。
- 今からサイレンが鳴るけど、みんな一緒だから平気だよ。
- これから先生がマイクで話すから、聞いててね。
- うるさくて聞こえなかったら、後で先生が教えるね。

サポート例 2　複数の音が苦手な子には視覚情報も

大勢の人がいるザワザワした場所が苦手で、会話に車などの騒音が重なると、話が聞き取れず理解できない子がいます。子どもを保育者のすぐそばに置いたり、できるだけ音源から離すなど聞き取りやすい状態にします。ざわめきを減少させるノイズキャンセリングイヤホンを使うのも効果的です。また、音の発生を絵付きの手順表など視覚情報と一緒に伝えたり、日頃の活動に音を聞き分けるあそびを楽しむなど工夫します。

サポート例 3　予想外の音が苦手な子には見通しを持てるように

突然の大きな音は、聴覚に困難がある子には強いストレスになります。防災訓練や運動会など、あらかじめ大きな音が出ることを知らせ心の準備をさせます。体操のときなども「これから音楽を流すよ」と予告したり、全体的に音量を減らせるイヤーマフ（遮音効果のある耳当て）を、誰でも使えるように備えるなどもよいです。強い音の曲なら最低限の音量にし、「3分で終わり」など見通しが持てるようにします。

保護者への対応ポイント

家で風や雨、雷を嫌がり泣くなどの反応には、「そばにいるから大丈夫よ」と保護者が抱きしめてあげることが大事。怖い気持ちを受け止める一方で、すぐに終わる見通しが持てるように伝えましょう。

Message 保育の現場から

- 怖くて緊張している子は、抱っこして気持ちを楽にさせます。
- 保育者がバタバタする状態や、周りの音に反応して不安そうなときは、可能な限り1対1での関わる時間を大切にしています。

第2章　シーン別・対応＆サポート実例

登園のとき｜保育活動のとき｜友だちとの関わり方｜ことばの問題｜行動の問題｜降園のとき

行動の問題

人やものによく体を ぶつけてしまう

歩いているときに友だちや机などとぶつかったり、振り回した手をものにぶつける子がいます。時として大きなケガにつながる恐れもあり注意が必要です。自分の体の大きさを認識できるあそびを取り入れ、事故防止をサポートしましょう。

自分の体の大きさや手足の長さ、可動域を把握することを"ボディイメージ"といい、ものとの距離感を測るために重要な感覚です。よくぶつかる子は体の使い方が不器用だったり、ぶつけた痛みを感じにくい感覚鈍麻などが原因の場合もあります。また、自分がぶつかったことに気づかないため、子ども同士のトラブルにならないように状況を確認することも大切です。

考えられる背景● と子どもの思い★

- ●ボディイメージができていない。
- ●動いているとき目標しか見ず、周りのものが目に入らない。
- ●感覚鈍麻の傾向がみられる。
- ●動きや行動の際の見通しができない。
- ★ぶつかっても痛くないから平気だよ。
- ★ぶつかったかどうか知らない！

―― こんなサポートをしよう！ ――

サポート例 1 自分の体の大きさを知る あそびを

　ボディイメージが弱いと距離感がないため、ものにぶつかりやすくなります。自分の体の大きさを体感的に知るあそびを取り入れます。①かくれんぼ＝人やものなどの環境の中で、狭いところに隠れることでものの大小や体が入るイメージを掴む、②しっぽ取り＝相手との距離感を体で感じる（走る距離を限定し安全に配慮する）、③アスレチック＝フラフープくぐりや、"だるまさんが転んだ"など全身を使うあそびがお勧めです。

サポート例 2 大きなケガを防ぐには 環境作りが大切

　保育園・教育施設での事故件数は年々増加傾向にあり、ほとんどが施設内で発生しているとの報告＊があります。ケガを未然に防ぐには、物的環境の整備が重要です。子どもたちそれぞれに合った物的環境が理想的ですが現実では困難です。走り回ってはいけない空間では机や棚の配置を工夫し、ガードクッション設置などを行います。しかし最も大切なのは、空間の問題よりどこにあるといいかを子ども目線最優先で考えることです。

＊内閣府「令和2年　教育・保育施設等における事故報告集計」

「そのとき」の声掛けは

- 今、〇〇ちゃんがぶつかって、玩具が落ちちゃったよ。
- ゆーっくり歩いていくと、ぶつからないよ。
- お友だちにぶつかったから、「ごめんなさい」を言うよ。
- 持ったら右左をよく見て、そろそろ行こうね。

保護者への対応ポイント

　園でぶつかることが多い子の家庭には、テーブルや棚の角にケガ防止のクッションなどをつけてもらうように相談します。子どものぶつかりやすい特性を理解してもらい、その予防法を共有しましょう。

サポート例 3 具体的に子どもが 見通しが持てる工夫を

　目標物しか目に入らずぶつかる子には、次の展開を予測し何に注意するかを具体的に伝えましょう。活動ごとに動線を考え、ぶつからない設定にします。遊び方や動き方の注意点ややり方を、子どもに絵で見せながら伝えます。活動のときは「ゆっくりだよ」「そーっと持とう」など、言葉を添えて歩く速さと体のコントロールを意識させましょう。ぶつからずに動くことを、保育者が実際に子どもに見せるのもよいでしょう。

保育の現場から Message
- 園庭のぶつかりやすいものは移動させたり、角にカバーをつけています。
- 周りをしっかり見て、急に動かないことを伝えます。
- 他の子どもと全身運動を楽しみ、体の使い方を覚えるようにします。

行動の問題
感情がコントロールできず自分を傷つける

過剰なストレスがかかったり、気持ちの許容範囲を超えたりすると、自分自身を傷つける行為をする子どもがいます。まずケガをさせないことが一番で、その理由を観察し、子どもの思いに寄り添いながら繰り返さないようにします。

自傷行為として多いのは、床や壁に頭を打ちつける、自分の頭や顔を叩く、自分の腕に噛みついたりつねる、自分の髪の毛を抜く、などがあります。その原因として多いのが、①自分の思い通りにいかない、②友だち間のトラブル、③先生や友だちに注目してほしい、④言葉に表現できずにイライラ、などがあげられます。その対応はそれぞれ状況に合わせて検討します。

考えられる背景●と子どもの思い★

- ●「嫌だ」という意思表示ができず、自傷行為をする。
- ●思い通りにならずかんしゃくを起こし、自分に痛みを与えて紛らわす。
- ●自傷行為で怒りや興奮を鎮めている。
- ★噛んだって痛くないから平気だよ。
- ★どうしたらいいか、わからないんだ！

～～～ こんなサポートをしよう！ ～～～

1 まず安全確保をし、離した後に話を

自傷行為をしそうなときは、壁などとの間にクッションや自分の手を入れてケガをしないようにカバーします。大声で叱ったり、体を掴んで止めるのはかえってパニックになることもあるので注意を。落ち着くまで見守り、「やったね！ 頭を打つのやめられたね」などと褒めて安心させます。次に静かな場所で、その子の好きなあそびをするなど関心を移すことが大切です。他傷行為をしそうなら即座に間に入り止めます。

「そのとき」の声掛けは

- 一緒にやりたいなって、思ったんだね。
- 悔しい気持ちになったんだ。
- 嫌だって、言いたいんだね。
- すごいね。自分でやめられたんだ。
- 怒りたくなったら、先生のところに来てね。

保護者への対応ポイント

感覚鈍麻が考えられる場合は、感覚あそびを家庭で楽しむこともいいです。例えば、わらべ唄の、一里二里三里（体あそび）、上がり目下がり目（顔あそび）など、子どもと触れ合う機会を増やします。

2 クールダウンさせるいろいろな工夫

自傷行為はやんでも興奮状態が続いている場合は、保育室の隅や離れたスペースなどに移動してクールダウンの時間を作りましょう。その後、「〇〇ちゃんが痛いのは、先生悲しいな」など、2人になって保育士の思いを伝えながらやめるように促すことが大切です。接触が大丈夫な子なら、手を握ったりハグするなどスキンシップもいいでしょう。段ボール箱を用意して、「嫌なとき入っていいよ」など代替物を使う手も。

3 適切な感情表現と別の発散方法を

クラス全体で紙芝居やペープサートを使って、「仲間に入りたいときはどう言うの？」と問い掛けます。みんなで考えることで、子ども自身の言葉を発する訓練にもなります。保育者は適宜、「入れてー、だね」「やめてね、って言うよ」などアドバイスしましょう。自傷行為があったとき、やめて落ち着いたようなら「このお人形でお家ごっこしようか？」など、代わりになるものを探し子どもに伝えるのもよいでしょう。

 保育の現場から

- 自傷行為を止めた後に抱きしめるなどして安心感を与えます。
- 入園当時（年中1学期）は顔を思い切り叩いており「叩かないよ」と伝え、それでも叩こうとするときは、保育者がその手を押さえるようにしました。

行動の問題

視線を合わせず、顔を見ておしゃべりをしない

人と視線を合わせられなかったり、話すことはできるはずなのに遊び始めると無口になる子がいます。また、話しても会話にならなかったり、おうむ返しの返事しかしない場合もあります。そんな子が園生活を楽しめるようにサポートしましょう。

会話が成り立たない状態は様々です。会話が難しい理由として、次の主なパターンがあります。
① 「今日ね、あのね」から次のことが思いつかない。
② 抽象的な質問がわからず答えられない。
③ わからないので相手の言葉をおうむ返しに繰り返す。
④ 話を整理できないため伝わらず、会話が続かない。
これらの状態にとらわれず観察することも大事です。

考えられる背景●と子どもの思い★

● 人への関心が薄く、自分の世界に入っている。
● 他の人が何を言っているのかを、すぐには理解できない。
● 不安や緊張が強く、安心してしゃべれない。
★ 外で声を出すのが嫌なの。
★ 何て言ったらいいのかわからない！

こんなサポートをしよう！

1 同じものを見ながら話すことから

"家族にはしゃべるのに他の人とは話さない"という子どもは、他人の視線や表情の変化が怖いため目を合わせられない場合があります。他人の顔に対して関心がない場合は、「先生のお鼻はどこかな？」などと、あそびにして興味を持たせます。また、2人で話す場合は対面でなく横並びで、「お人形かわいいね」などと語りかけると安心します。慣れてきたら「話を聞くときはお口を見よう」と、徐々に相手の顔を見るようにします。

2 話し方、伝え方をサポート

3～4歳ではまだ語彙力や構成力が弱いのですが、もともとおしゃべりが苦手な子どもには、次のような傾向が見られます。①順序立てて話ができない、②「〇〇ちゃんに女の子だよ」のように助詞がうまく使えない、③相手の話を聞き取るのが苦手、などの特性から意思表示が難しくなります。「〇〇が怖かったんだね」と気持ちを代弁するなどして、その子が言葉にしやすくします。気持ちカードと併用するのもよいでしょう。

「そのとき」の声掛けは

- 先生の目を見てくれて、とっても嬉しいな。
- ゆっくりでいいから、好きな絵本を先生に教えてね。
- お話を聞くときは、話す人のお口を見ようね。
- 嫌なときは、イヤって言っていいんだよ。

保護者への対応ポイント

保護者には子どもが視線を合わさないことを、あまり気にしすぎないように伝えましょう。育てにくさに保護者がひどく悩んでいるなら、保育者が専門機関に相談するように勧めてもよいでしょう。

3 話さなくてもいいあそびでコミュニケーションを

会話のキャッチボールが難しくても、話しかけることを続けることが大事。また、話すときも聞くときも用件は一つにすることがポイントです。無理に話をさせることにこだわらず、他の子とも会話以外でコミュニケーションできる機会を作りましょう。例えば、鬼ごっこをするとき「尻尾を取ったら、"取った"って言うよ」と楽しみ方を教えましょう。おしゃべりをしなくても一緒に遊べる喜びを感じるはずです。

Message 保育の現場から

- 壁際に立ち子どもの視界に保育者だけが入るようにするなど、目を合わせやすい環境にします。
- 子どもの関心のあるものを保育者の顔脇に近づけ、視線を誘導します。

時間になっても いつまでも帰りたがらない

降園のとき

降園時間が来てもあそびに夢中だったり、わけもなくウロウロして帰りたがらない子がいます。保護者が迎えに来ていても無視したり、グズッたりする場合もあります。その子が納得して、自分から帰りじたくができるようにサポートしましょう。

なかなか降園しない子がいると、他の子の見守りに集中できなかったり、降園後の業務の妨げになることがあります。子どもを観察し帰りたがらない理由を考えましょう。そして実は帰らない子の保護者もストレスが溜まり、親子でつらい思いをしていることもあります。お迎えが親子の嫌な思い出にならないように、子どもの気持ちを受け止めながらサポートします。

考えられる背景●と子どもの思い★

- 自分なりのルールにこだわり、園の進行と合わない。
- 周囲の"帰る"状況が見えていない。
- 一人でゆっくりしたいので、みんながいなくなるのを待っている。
- ★まだ遊んでいたいんだ！
- ★どうして"終わり"なの？

～こんなサポートをしよう！～

帰りたがらない子の気持ちはいろいろ

園から帰りたがらない子どもには、「まだ遊び足りないよ」「帰ってもママと遊べないからつまらないの」「バイバイが寂しいから」など、様々な理由があります。その思いを全てかなえてあげるのは難しいですが、一番の当事者である保護者に声掛けのアドバイスをするのも効果的です。「○○ちゃんと帰れてうれしい」といってハグして安心させる、「特急電車見ながら帰ろうか？」など、他に興味を移すのもよいでしょう。

「そのとき」の声掛けは
- ○○ちゃん、先生とハイタッチしたら帰ろうか？
- 先生とあそこの角まで、一緒に帰ろう。
- 今日は保育園にお泊まりしていくのかな？
- 今日、最後に遊んで楽しかったの明日もやろう！

保護者への対応ポイント
家庭の事情が複雑で、すぐ帰れないことが考えられる場合は、「何かお困りではありませんか？」と保護者に聞いてみましょう。すぐに解決できなくても、保護者の気持ちに寄り添うことが大事です。

視覚的に"帰りの時間"の指示を

スケジュール表を貼って見てもらい、お帰りの時間を確認させ見通しを持てるようにしましょう。そして、時間が近づいたら「あと3回で終わりだよ」「箱のブロックがなくなったらおしまい」など終わりを予告します。また、時間の概念が弱い子には、活動の終わりを目に見える形で指示すると効果的です。砂時計や針で示すキッチンタイマーなど残り時間がわかるものを使って、子どもと一緒に確認すると伝わります。

目に見える形で"帰る区切り"を

"帰る区切り"をつけるための方法をいくつか紹介します。①スマートフォンのアラーム機能を使い、「この音楽が鳴ったら帰ろうね」と約束する、②やりかけのあそびを「このまま明日続きをするよ」など、一緒に約束する、③その子と好きな歌をうたうなどクールダウンの時間を作り、おしまいの約束をする、④「先生と握手して"また明日"して帰ろう」などスキンシップをして安心させる、などがあります。

保育の現場から
- 玄関先などでの井戸端会議は子どもの帰る気持ちを喪失させ、他の子の降園の妨げにもなるのでやめてもらいます。
- 子どもの思いを尊重し、信頼関係が築けたら時期を見て伝えます。

降園のとき

バスの中で騒いだり席に他の子がいると怒る

通園バスの中で席に座るのを嫌がったり、無理やり他の子を降ろそうともめたりする子がいます。時にはバスに乗りたがらない場合もあり、保育者を困らせます。しかし、困っているのはその子でもあることを認識し、適切なサポートを探りましょう。

こだわりの強い子どもでも、少しずつの変更なら席の変化を受け入れてくれることもあります。大切なのは、席が替わっても安心できることを理解してもらうことです。また、家に帰ってから保護者と話すことを聞くなど、少しずつ子どもが切り替えられるようにするのも大事です。先に「もうすぐお帰りのバスが来るよ」と話し掛け、意識を家に向けさせるのも良いです。

考えられる背景● と子どもの思い★

- ●座る席が違うと、違うバスに乗ったのではと不安になる。
- ●園活動の興奮がまだ続いている。
- ●自分の席に強いこだわりを持つ。
- ●他の刺激に強く反応してしまう。
- ★だって同じところがいいんだ。
- ★窓がないと気持ち悪いんだ！

― こんなサポートをしよう！ ―

サポート例 1　バスの席にこだわる理由は

同じ時刻に同じバスに乗っても、様々な理由で席に座るのを嫌がる子がいます。大人でも新しい物事には慣れず、戸惑うものです。気になる子がバスの席に困る理由にはいろいろあります。いくつかあげると、①自分の決めたいつもの席と違うと気持ちの折り合いがつかない、②窓の外が見えないと落ち着かない、③席が違うと「お家に帰れないかも」と不安になる、④気になると衝動的に反応する、などがあります。

「そのとき」の声掛けは
- こっそり先生に、なんで座りたいのか教えてね。
- この席は年長さんの特別席だから、明日も座ってね。
- ちゃんとお家に行けるから、座っていいよ。
- ○○ちゃん、今日は新しい席にチャレンジだよ。

サポート例 2　席にこだわる子にはそれぞれに応じたサポートを

なかなか言葉では伝わらない子には、スモールステップで示します。例えば、泣く子には並んで順番のマナーを教える機会にするなど、前向きな対処が理想的です。他にも、①座席に名前シールで座る場所を示し月ごとに席替えをする、②先に座席表を見せて「今日はこの席だよ」と視覚的に伝える、③「今日は特別席」と教えて席への関心を持たせる、④「バスで騒がない」など絵カードで示す、などがあります。

サポート例 3　どうしてもダメなときは席を替わってもらう

騒ぐ子には、興味があると衝動的に体が動いてしまう特性の子がいます。バス通園は余計な刺激をできるだけ除いて、予定表や絵カードなどでいつ家に帰れるかの見通しを持てるようにします。しかし、どうしてもダメな場合は友だちに替わってもらいますが、あらかじめ両方の保護者にその旨を説明しておきます。また、席は適宜ランダムに替えて「今日はこっちの席だよ」と、少しずつ誘導するのもよいでしょう。

保護者への対応ポイント

バスの席が気になる保護者もいます。座らない子や騒ぐ子は、安全性の確保からも問題ですから、保護者との相談が大切です。その子を優先できないことを理解してもらい、一緒に対応を考えます。

Message 保育の現場から
- 運転席の脇の席は大人しく邪魔をしない子など、大まかに座席を決めておき、乗らない子などが出たときは一部を変えます。
- 印をつけた席に座らせ徐々に隣に移動したり、徐々に席に慣れさせます。

「気になる子」の現場から

保育者は毎日いろいろな特性を持った子どもたちに、全身全霊をもって向き合っています。
そんな現場の先輩たちのメッセージやエールをまとめて紹介。今も、そしてこれから
子どもたちの気になる場面に関わりサポートする保育者に、必ず力添えとなるでしょう。

他にもいる「気になる子」

▶人が多く注目される場（発表会など）が苦手で大泣きや大声を出したりします。（B幼稚園）
▶会話や運動能力に問題はありませんが、絵が全く描けず5歳時点で頭足人も描けません。丸や四角を描いてというと描けます。（A幼稚園）
▶"待つ"ことが難しく、あそびや活動の中で順番や給食が目の前に置かれるまで待たなければいけないときに「もうイヤ！」と、周りの椅子やテーブルを手当たり次第投げたり、動かしたりして暴れます。（C幼稚園）
▶給食で"おかわり"がないことを伝えても、納得せずに泣き続けます。（C幼稚園）
▶階段の途中で立ち止まり降りようとしない。「後ろの友だちが困ってるよ」と伝えても動こうとせず、目を合わせません。（D幼稚園）

現状で困っていること

▶相談することができず、サポートのしかたがわからず困りましたが、日々調べたり、本を読み学びながら関わってきました。結果、自分自身の成長につながったと思います。（A幼稚園）
▶全体指導において、本児だけを終始サポートすることは困難で、活動内容によっては担任以外の保育者が一人そばにつけられれば、より良い援助ができると思います。（A幼稚園）
▶保護者は"頑張らせたい"という気持ちが強くて、担任としてはその子は無理しすぎているので"○○せねばならない"を緩めてほしいとお願いしましたが、その点は理解していただけませんでした。（C幼稚園）

▶気になる子がクラスに複数人いる場合に、同時に対応が必要になると全体のスムーズな進行が難しくなり、周りの子を待たせるため全体的に集中力が欠けてしまいがちです。また、一緒に気になる子予備軍（早生まれ、つられやすい子など）が落ち着かなくなります。（C幼稚園）
▶5歳児担当ですが、就学に向けて保護者の理解が得られないことや、支援体制を小学校以降へつなげられない子どももいます。（C幼稚園）
▶子どもの様子、状況を保護者に伝えるタイミングや、その内容に悩みます。保育者の言葉を過剰に受け止め、その方の体調により悪影響を与えないか考えてしまいます。（D幼稚園）

こんなサポートしてます

▶複数の保育者で対象児の観察を行いその長所を見つけ、それを活かした役割の付与など長所を中心にすえた支援をします。（A幼稚園）
▶本児が落ち着いて過ごせるように、環境の変化を考慮して0歳児クラスの隣の部屋で過ごすようにしました。（C幼稚園）
▶友だちとのトラブルで言葉が遅いその子の気

持ちを他児に代弁して伝え、友だちとの関わりを深めるようにしています。　　　（C幼稚園）
▶話さない子から無理に言葉を引き出すのでなく、寄り添う言葉掛けをしたり、その子の興味があるあそびを一緒に楽しみ、あそびの中で会話を広げていきました。　　　（D幼稚園）
▶本児が落ち着くものは何か、好きなものは何かを、担任だけでなく園全体で一緒に考えるようにしています。　　　（D幼稚園）
▶ものを投げる子に、なぜ投げてはいけないかを伝えつつ、安全に投げて遊べる場所を一緒に探しました。　　　（D幼稚園）

保護者との連携は

▶半年に一度、保護者と会う機会を設けたり、毎日のノートで子どもの様子を伝え合うようにしています。　　　（A幼稚園）
▶個人懇談では、保護者の知りたい内容を中心に話を行っています。　　　（A幼稚園）
▶毎日の連絡ノート記入と、週1回の活動報告サイトの作成に取り組んでいます。（A幼稚園）
▶保護者にストレートに伝え難く、現状を話すことに留まっていることが多く、完全に連携が取れてはいないと思います。語彙力や知識を十分に身につける必要を感じます。　（A幼稚園）

先輩からのアドバイス

▶対象児が些細なことでパニックを起こし、顔中グチャグチャになる…を繰り返した時期。主任の「援助しながらクラスのことを考えていると、見破られるよ」とのアドバイスをもらいました。以降、対象児が崩れたときクラス補助に主任に入っていただくことで専念でき、その子も徐々に落ち着いてきました。　（A幼稚園）
▶保育室を飛び出しなかなか戻らない子の対応に苦慮したとき、声掛けのしかたやタイミング、その後の対応を実際に目の前で行ったあと、詳しく説明していただきました。　（A幼稚園）

▶複数担任なので、その都度保育者間で話をしてその子にどのように関わっていくべきか対応を進めています。　　　（C幼稚園）
▶その子の中の"できない"が少しでも減るように、上靴を履けないのでかかと部分に保護者の方に紐を付けてもらえるようにお願いしたり、目で見てわかるように写真で伝えたら、と具体的に教えていただきました。　　　（C幼稚園）
▶伝わりにくいことはかんたんな言葉で伝えること、例えば危険なときなどは「ダメ！」と繰り返し止めるように言われました。（D幼稚園）
▶「タイマーがあるとできる」が、「タイマーがないとできない、したくない」にならないように注意をいただきました。　（D幼稚園）

新人保育者へ、そして自身にエール！

📣　悩む時間やつらい時間が多いけど、その分温かい気持ちになれたり、嬉しい気持ちになれる時間も多い気がします。大変だと思うけれど頑張ってください！　　　（B幼稚園）
📣　クラスに5〜6人、対応が必要な子がいて大変ですが、一人ひとり良いところ素敵なところがたくさんあり、何より日々成長しています！あと数カ月、この子たちと楽しんで保育を進めていきたいです。ふぁいとー！　（B幼稚園）
📣　日々試行錯誤しながら悩むこともあると思

📣 います。子どもたちのために、また自分自身の成長にもつながると思うので、息抜きをしながら頑張っていきたいと思います。　（C幼稚園）

📣 私自身、日々子どもたちと関わり保育を行う上でわからないことや、迷いを感じることがあります。今後も日々の観察を行った上で、連携をとりながら関わりや援助をしていきたいと思います。　（A幼稚園）

📣 たくさんの子どもたちを見守る保育の中で、気になる子の逸脱行動で活動がうまくいかない日もありますが、その子も含めてクラス運営できるように考えるのがこの仕事の醍醐味だと思います。自分だけで抱えず周りに相談しより良いクラス運営に頑張ります。　（A幼稚園）

📣 手のかかる子ほど可愛いです。その子が気を許したり、話を聞いてもらえるようになったときは、特に嬉しいです。　（A幼稚園）

📣 子どもたちの笑顔がたくさんの毎日になるように頑張っていきたいです。　（A幼稚園）

📣 気になる子へのサポートを頑張っている方へ。日々の悩みや課題は尽きないと思いますが、一人で悩まず、周りの助けを借りながら子どもにとって最善の関わりができるようにしてほしいと思います。　（A幼稚園）

📣 気になる子に対しては、国全体で取り組む必要があると思います。保育者一人ひとりが発達を理解し、それぞれの見方、考え方を尊重しつつ「チームとして何ができるか」に取り組むことが大切です。その頑張りが対象児、その家族、ひいては園の同僚たちの支援にもなります。

📣 みんなで頑張りましょう。　（A幼稚園園長）

📣 全国に同じように考え悩みながら子どもと関わっている人がいることは、自分にとって非常に心強いです。いつかみなさんとも情報交換ができれば嬉しく思います。　（A幼稚園）

📣 保育者がその子に気持ちを伝え続けていけば、必ずいつか子どもに届くのでこれからも続けていきたいと思います。　（A幼稚園）

📣 一人ひとり性格や特性も違うため対応に困ることもあると思います。子どもたちの思いや気持ちを理解するために日々ていねいに保育に関わりながら、困ったときは先輩や周りの人に相談しながら対応していくことが大切だと思います。これからも頑張りましょう！（C幼稚園）

📣 もし後輩の先生が少し困っていたら、自ら相談にのったり一緒に対応を考えていけるような保育者になりたいです。　（C幼稚園）

📣 その子がより過ごしやすくなるよう、援助のしかたを考えたり工夫するのが役目だと思っています。引き続き頑張ります！　（C幼稚園）

📣 気になる子が以前に比べ多くなっているように感じます。発達面、愛着面の原因の見分けが難しい子もいます。目の前の一人ひとりにていねいに接していきたいと思います。（C幼稚園）

📣 去年初めて担任を持って、気になる子への対応が難しかったですが、カウンセリングの先生やリーダーの先生に相談しながら、無事一年を終えることができました。恵まれた環境にいることに感謝しました。　（C幼稚園）

📣 自分の視点だけでなく、他の保育者の視点を大切に共有し、その子の成長のためにみんなで関わり方を考えたいと思います。（D幼稚園）

📣 年少、年中の2年間その子と関わってきましたが、トラブルが発生するたび「またか…」と思うことも多かったです。今、年長児になり他の保育者のクラスで頑張っているのを見ると、成長している姿を嬉しく思います。その時どきは大変ですが、未来のその子の成長を願って、これからも頑張りたいと思います。（D幼稚園）

第 3 章
保護者への対応とサポート
＆
支援環境作り

「気になる子」のサポートは、
園全体で取り組むことが大切です。
まず、保育者が最も苦労するとされる「気になる子」の保護者、
その周辺の保護者への接し方を紹介。
次に、子ども目線で意識的に環境を作る意味を解説します。

〈「気になる子」の保護者への寄り添い方〉

「気になる子」も普通の子も、当然保育者と保護者との関係性は大切です。
現在は保護者に寄り添い、支援することも保育者に求められています。
日々の保育の中でできるポイントをまとめました。

保護者との接し方を再確認しよう

ネットやSNSが発達した現在、様々な子育てに関する情報が溢れ、家庭の状況も多様化しています。そのような中で、子どもが困っている図式が浮かび上がりますが、それに伴い保護者が園にかける期待と要望も多様化しています。ここでは、保護者に対する接し方を紹介します。

● 「報告」でなく、子どもの成長を伝える

子どもの気になる言動だけをピックアップして伝えても、家庭で見ている子どもの姿と違うと、保護者は園や保育者に不信感を抱くだけです。また、保護者として責められていると感じるかもしれません、子どもの園での「成長」をていねいに伝えることが大切です。園生活の細やかな出来事でも、その気づきや思いに保護者は救われるのです。

● 園としてのサポートを伝えて安心感を

子どもの姿を保護者に伝えるときは、同時に園全体がどのように考え対応しているかも合わせて伝えると、保護者は安心感を得られます。「うちの子でもいいんだ」とホッとし、心を開いて打ち解けてくれるかもしれません。日ごろから子どもの行動に悩み、孤立感を感じている保護者ほど救われる思いになります。登降園時から、保育者の声かけが伝えやすい雰囲気を作ってくれるはずです。

● 保護者の悩みや、その背景を知ろう

子どもが気になる言動をとることの背景には、子ども本人の特性や生活環境もありますが、保護者との関係性に問題がある場合もあります。それは、「私には子育てなんてできない」とか「子どもが手におえない」など、多くの保護者が陥るマイナス感情です。多忙な毎日の中で子どもに適切な育児ができず愛情を注げない、という気持ちになることは大いに考えられます。しかし、それが深刻になると親子が適切な「愛着関係」を築くことが困難になることもあります。

愛着関係が築きにくくなる背景には、いろいろあります。以下にいくつかをまとめました。

「気になる子」の認識の違い&その対応

気になる子の保護者の、我が子が抱える「困った」ことへの認識はそれぞれ。主な3タイプの違いと接し方のポイントです。

● 子どもの特性に気づいていない保護者

周りの子どもたちと言動が異なっていても、

愛着が築けない原因

■ **経済的、人間関係の問題で、心の余裕がない**
家族間の問題や健康面、経済的困窮から、子どもに目が届かなかったり、関心を向ける余裕がない場合があります。子育て自体が苦痛になり、愛着を育むことができません。一つずつ問題と向き合い、サポートの仕方を考えましょう。

■ **子どもの見方が不安定で日々変わる**
毎日子どもの姿を見ていると、その変化や成長に驚きます。その姿を保護者は受け止め、愛おしむ思いを育むのですが、いろいろな事情から思いが揺れ動くのは仕方ないことです。問題はその揺れ幅で、あまりに大きい場合は愛着の形成が難しくなります。保育者はコミュニケーションを増やすようにし、保護者をサポートします。

■ **育児経験の不足から子どもから離れる**
発語や歩き出しの遅れへの不安、イヤイヤ期の困惑など、子どもの発育に関しての認識と知識不足が子どもへの誤解や拒否感に変わる場合もあります。子どもの成育を、正しく保護者に理解してもらえるように接してください。

■ **保護者のトラウマが原因と思われるとき**
保護者自身が、乳児期に親との関係から生まれる「愛着」を体験していないことが、子どもの気になる行動の原因の一つかもしれません。新たに子どもとの愛着を形成するのは難しいですが、毎日の積み重ねを保育者がサポートできる関係作りを心がけましょう。

気に留めない、または気づかない保護者がいます。保護者自身が人とのコミュニケーションが苦手だったり、気になる子と同じ傾向をもっている場合もあり、十分な配慮が必要です。

[対応のポイント]
園での様子を伝えるときはあまり細かく伝えず、特に抽象的な言葉や長い説明は避けましょう。理解力や聞き取る力が弱い場合は、口頭で伝えるだけでなく簡単な文書も渡すなど、子どもと同様のていねいな対応が必要です。

● **子どもの特性を気にしすぎる保護者**
発育の遅れやアンバランスな子の言動に過剰に反応し、育児に不安を持っています。保育者や友人に確認や相談をするが、一人で悩みを抱え込みがちになります。

[対応のポイント]
一番必要な対応は、気になる子が置かれた家庭の状況をより理解した上で、保護者の話を細やかに聞き取ることです。日ごろから「今日は〇〇ができたんですよ」など、保育者が積極的に保護者へ話しかけて、子どもの姿を共有し理解を深めていくとよいでしょう。

● **子どもの特性を受け入れない保護者**
子どもの言動に何らかの違和感を持っていても、周囲の声を聞かず「認めたくない」という保護者もいます。家族や親族から「しつけが悪いから」と責められたりした場合、子どもの特性の指摘や相談を拒否することがあります。周囲から孤立し、深刻化する恐れがあります。

[対応のポイント]
保護者の家庭環境や状況を、普段からの雑談や連絡帳の返事などでコミュニケーションを重ね、「話しやすい保育者」になるように心がけましょう。信頼関係を深め身近な存在となれれば、保護者へ話すチャンスも生まれます。

保育者が寄り添い、心の支えになる

何気ない会話でも言い方を工夫するだけで保護者の心に響き、いつの間にか寄り添う関係性が生まれます。また、気になる子に接する機会がある他の保護者への対応も忘れてはいけません。

伝わる言葉がけ＆NGの言葉がけ

保護者はいつもの会話から、傷ついたり慰められたりしています。保育者の言い方一つで逆効果になることを知ってください。

「昨日は〇〇ちゃん、お昼で苦手なニンジンを一口食べたんですよ。お母さんの工夫が成功しましたね！」

このように、苦手な野菜を子どもに食べさせる工夫している努力を、保育者は忘れず褒めることが大切。食事に限らず保護者の積極性や工夫が話題になったら、それに関した良い変化や結果を忘れずに「成長」として伝えましょう。保護者は、他者がその工夫や努力をちゃんと見ていて、認めてくれていると何より嬉しく、育児への意欲がわくはずです。

「〇〇ちゃん、お話が聞けるときが増えましたよ。お母さん頑張ってますね。何か気になることがあれば、相談してくださいね」

気になる子どもの行動が大きく変わらなくても、保育者はその姿を保護者に伝えなければいけない場合があります。日々子どものために努力しているのに成果が出ないと、保護者は精神的に落ち込んでしまいます。活動の報告の中にねぎらいの言葉とともに、頼っていいということを伝えましょう。報われたという気持ちと、安心感が保護者の心を癒やす手助けになります。

「お疲れ様です。朝は泣いちゃって大変でしたね。でも、園ではちゃんと私たちが見ていますから安心してください」

例えば、登園時に泣いて園に入らない子どもを、保護者は一日気にしていたかもしれません。子どもを制御できずに自信を失いかけていた保護者に、子どもの支援者であることを示し共感していることを伝えましょう。

「〇〇するところが、〇〇ちゃんはすばらしいですね。そんなところがみんな大好きですよ」

気になる点ばかりでなく、良い点や良い行動も具体的に保護者に伝えましょう。しかし、闇雲に褒めるのでなく、保護者が事実として実感できることを親近感を持って話すことが大切。

「お母さんも、リフレッシュしましょう。私たちも、次の〇〇がとても楽しみなんですよ」

日々、子どもの心配などストレスが溜まっている保護者は、こんな自分を思ってくれる言葉に癒やされます。この言葉掛け例は園の行事やイベントなどを、保護者も一緒に楽しむことを勧めています。小さなことでも、保護者の息抜きになることをアドバイスしましょう。

「〇〇ちゃんは、そばで見つけた大発見を、早くお母さんに伝えようとしてるんですね」

例えば、いつも散歩や移動の途中で、突然離れてしまう子どもはたくさんいます。子どもの行動を否定的に伝えるより、なぜそんなことを繰り返すのかを考え、子どもの視線に立って分析し話しましょう。保護者にとって子どもの行動を肯定的に、善意に裏付けて受け止めてもらえることはかえがたい喜びとなるのです。

やってはいけない話し方

❌ 気を使いすぎて意味不明になる	話す前に、話の組み立てや順番をメモしておきましょう。最初に用件を簡潔に述べることが大切です。
❌ 「まだ大丈夫です」と安請け合いする	つい言ってしまいがちな言葉。相談されたらまず「〇〇がご心配なんですね」と、保護者の不安や心配を受け止める姿勢を示すことです。
❌ 診断名など個人の意見を入れて説明をする	発達障害名の診断は専門家の仕事です。自分の考えで障害名を安易に持ち出すのは、絶対ダメです。保護者に不要なショックや関係性が崩れることにもなりかねません。
❌ 子どもの困ったことを先に告げる	「園で〇〇ができないのですが、お家ではどうですか？」という話し方は保護者の反感や、保育者の力量に不信感を招く結果になります。

同じクラスの保護者のサポート

「子どもが"〇〇ちゃんにブロックを取られた"と言っている」など、保護者の中にはクラスの気になる子の存在を不安に思っている人もいます。園へのクレームになる場合もあり、そうした保護者の気持ちへの配慮も大切です。それは、結果的に気になる子とその保護者へのサポートにもなるのです。

● **クラスの保護者への対応ポイント**

トラブルは園の責任として対応が原則
園での子ども同士のトラブルは、園の責任として保護者に説明、謝罪する。保護者には冷静に感情的にならないように対応することが大切。子どものせいにしたり、言い訳するのは最悪。

保護者の要望やクレームは関心の表れ
保護者の中には気になる子への懸念や誤解が重なり、クラス替えなど無理な要求をする場合もある。子どもへ関心が深いからこそと捉えて、園で連携して対応することを伝える。その際には、「できる」「できない」を明確に答えないこと。あくまで、クレームを言う保護者の心情を理解し、誠実に対応することが大切。

その子どもを含めクラス全体の育ちを伝える
保護者に実際のクラスの様子を見ていただいたり、具体的にクラスの子の成長を伝える。また、子ども同士のやりとりなどを伝えるのもよい。

発達障害への回答を求められても答えない
気になる子の情報を根掘り葉掘り聞かれても、診断の有無や家庭環境などの個人情報を勝手に漏らすことは厳禁。保護者との信頼関係を崩壊させる行為で、「そうですね、心に留めおきます」とあいづちを打つ程度にとどめる。

保育的配慮を持った見通しを伝える
子ども一人ひとりの違いを認め、「一緒に活動するのが楽しい」と思えるように導くことを伝える。園が主導して、担任、保護者の連携で保育的配慮をおきながら、みんなで先に進むという姿勢を明確にする。

サポートにつなげる環境設定の考え方

気になる子の感覚過敏には一般的に言われている「五感」に、
さらに「平衡感覚」と「不器用な体遣い」が加わります。
どの感覚過敏も、生きづらさや苦痛につながることに変わりはありません。

「気になる子」の特性別の環境設定

感覚が過敏だったり体の動きが不器用なため、困っているいる子はたくさんいます。園では歌をうたったり物を作ったりなど、様々な活動をする保育環境は揃っています。しかし、その特性に困っている子どもには居心地が悪く、落ち着かず集中できない場所になっているかもしれません。ここでは簡単な工夫で苦手な刺激を避けたり、やわらげるサポートを紹介します。しかし、他の子供たちとのバランスを考えることと、子どもに強制しないことが大切です。

視覚 光や色、視野に対して非常に敏感

・何もない白い壁の一角を作る
　たくさんの色や物に溢れていると、視覚過敏の子どもには刺激が強すぎることも。飾りや掲示物などを外し、白い壁にして目を休ませる。

・部屋の中に暗くできる場所を作る
　光を眩しがる子がいる場合は、明るい部屋から別室に移動したり、一部カーテンを閉め暗い場所を作るなどする。照明にも配慮が必要。

聴覚 特定の音や騒音に対して過敏

・エアコンなどの騒音源から離れる
　大きな音がする時計やスピーカーの他に、大勢の話し声などに反応する子も。騒音源から離すか、耳栓やイヤーマフラーを配備しておく。

・音がしない静かな場所へ避難する
　音が聞こえない部屋に移動するか、部屋がない場合は遮音カーテンや遮音パネルなどで囲ったスペースを設けて、そこを利用するのもよい。

嗅覚 トイレや花など特定の匂いに過敏

・トイレを清潔に保ち、消臭剤は慎重に
　トイレの匂いは誰もが好まないが、アンモニア臭などにも過敏に反応する。また、消臭剤の成分にも過敏なこともあるので使用は避ける。

・苦手な匂いから遠ざける工夫を
　子どもの苦手な匂いを把握し匂いの意味を理解してもらうと、その匂いに対し抵抗感が弱まることも。食品（野菜など）が苦手な場合、味覚過敏と誤解される可能性もあるので要注意。

味覚 特定の食品やトマトなどの野菜に過敏

・プランター栽培などで食物との関わりを理解してもらい、食材への興味につなげる。また、簡単な調理を行うなどの参加体験も大切。

・顔が見えるお食事スペースを作る
　お食事スペースを、友だちや保育者がおいしそうに食べているのが見えるように配置する。限られた食品以外に対し食べる意欲や、興味がわくように環境を工夫することが大切。

触覚 人との触れ合い、水や土などに過敏

・苦手な道具や配置を工夫する
　水に濡れる感覚が苦手なら、手洗い場にお手拭きシートなどを配置し代替しても良い。

・いろいろな感触を体験させる
　制作コーナーなどで、ベタつく油粘土が苦手ならベタベタしない紙粘土や小麦粉粘土、湿った砂と乾いた砂、チューブのりとスティックのりを試すなど、いろいろな素材に触れる機会を増やす。

> **平衡感覚** 回る、揺れる、動くなどが苦手

・保育室の家具などの配置に注意する
　保育室にはぶつかったり、倒れそうなもの、滑りそうなマットなどは置かない。段ボール箱など、保育者がフォローできる遊具を使う。

・保育者がフォローしながら調整
　ブランコで揺れるなどの動きが苦手な子には、保育者が一緒に乗って軽く漕いだり、バランスボールを転がせるあそびなど徐々に慣れるよう工夫する。

> **体遣い** ダンスなど体を連動するのが苦手

・全身が映る鏡を配置する
　自分の手の位置や動きなどが調整できないため、着替えやハサミ遣いなどが苦手な子のために、姿見などの大型の鏡があれば、全身を映して動かし方を確認できる。

・体全体を使って遊べるように工夫する
　広い場所でのマット運動や、片足立ちとしゃがむ姿勢を繰り返す「つるさんかめさん」運動など、全身を使うあそびがお勧め。

●環境設定の例

① トイレ
［嗅覚の過敏な子に］
・消臭剤は使わない。
・待つところに足マークを。
・採光や清潔感に注意。

② ままごとコーナー
・食器は割れないものを。

③ 遮音スペース
［聴覚の過敏な子に］
・他の音をやわらげる遮音物を。
・仕切りで死角ができないように。

④ 食事スペース
［味覚の過敏な子に］
・友だちの顔が見えるように。
・全員が見渡せる並びに。

⑤ 机上あそびコーナー
・複数が囲めるテーブルを。

⑥ 構成あそびコーナー
・低い棚や仕切りで見えやすく。

⑦ 自由あそびコーナー
［触覚の過敏な子に］
・おもちゃ棚の配置を工夫。
・いろいろな素材のおもちゃを。

⑧ 大きな遊具コーナー
［体の動きが気になる子に］
・遊具とともに姿見の大型鏡を。
・マット・鉄棒等で全身運動。

⑨ 自由行動スペース
［一人あそびの子にも］
・自由に遊べる空間に。
・遊具は置かず広めに。

⑩ 受け入れコーナー
・ケガ防止に配置に注意。
・回遊できる動線に。

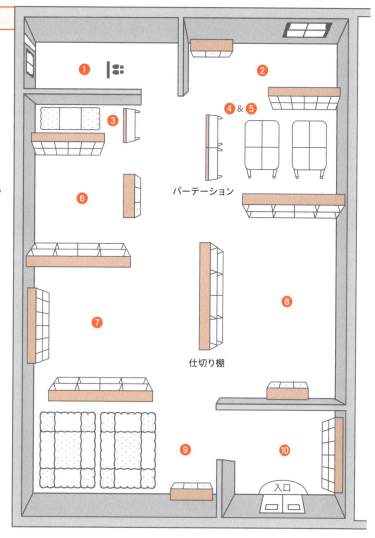

第3章　保護者対応＆支援環境作り

子どもの様子を伝える連絡帳の書き方

現代はスマホなどを利用している園も多いようですが、手書きの連絡帳は今でも保育者と保護者を直接結ぶ重要なコミュニケーションツールです。

[話せる時間がなくても伝えられる]

普段の登降園やイベントの際には、なかなか直接話せる時間がありません。しかし、毎日の連絡帳なら保護者との交流ができます。時間を経るため冷静に事態を整理できるので、無用なトラブルも回避できます。

[子どもの毎日の記録として活かす]

直接の会話では前の出来事を振り返るには、記憶を頼りにするために間違いが生じる恐れがあります。連絡帳は日々の記録を残してくれ、ページをめくるだけで振り返るのは簡単です。子どもの成長記録として、必ず目を通して保護者の思いを考える習慣づけが大事です。

[直接顔が見えないデメリットも]

連絡帳は後で見返せる点はいいのですが、園でトラブルが発生した場合などは、やはりあまり時間をあけず、保育者と対面で話したほうが後で誤解やわだかまりを生みにくいでしょう。連絡帳がオールマイティーではないことを知り、使い分けることがポイントです。

[連絡帳の文章作成の注意]

連絡帳は連絡事項の場にいなかった保護者に、園での様子や経過を伝えるときは、わかりやすく簡潔にまとめるように心がけましょう。

● **文章の基本5W1Hをおさえる**

- **When**（いつ）＝基本的には正確な時間を書きますが、「お散歩で…」など具体的な場面を示すのも可。
- **Where**（どこで）＝場所は具体的に伝える。
- **Who**（だれが）＝主語はできるだけ省かないこと。クラスの中の出来事などは特に必要。
- **What**（なにを・なにが）＝情報として大切な部分で、人名などは配慮が必要に。
- **Why**（なぜ）＝気になる行動の背景や、その子の意図などを記す。保育者の思いや考えも。
- **How**（どうした）＝子どもや周囲の様子を述べる。あまり強い結論づけや安易な希望的観測は控え、面談時に話すようにする。

● **出来事の連絡言い換え例**

- ✕ 今日は落ち着きがなかった→元気いっぱいで、教室のみんなとお話ししていました。
- ✕ 〇〇を忘れず持たせてください→〇〇を（お荷物ですが）お願いできませんか。
- ✕ お友だちができなくても大丈夫です→〇〇ちゃんは少し人見知りですが、いつも友だちと関わっていますから、しばらく様子を見ましょう。
- ✕ 厚着なため暑がっていました→寒暖差があるのでお家で様子を見て、背中に手を入れて汗をかいていれば、少し暑いのかもしれませんね。
- ✕ やはり粘土は嫌いなようです→〇〇ちゃんは、手をきれいに拭けるウエットペーパーがお気に入り。紙粘土で大作を作っていますよ。

子どもに伝わる絵カードの使い方

保育者の話を理解できなかったり、自分の考えを伝えられない子どもには、
絵を見せて確認してもらうことが効果的です。巻末の絵カードを様々なシーンに合わせて使い分けましょう。

●気持ちのカード●

保育者が気になる子にカードを見せて、その時の願いや気持ちを選んでもらったり、相手の気持ちを察するのが不得手な子に気持ちを考えてもらう手助けをします。

うれしい・悲しい・楽しい・やりたい・やりたくない・嫌だよ・怒っている・面白い・つまらない・わからない・わかった・好き・嫌い・怖い・欲しい・いらない・話したい・話したくない・びっくりした・困ったな・帰りたい・行きたい・そばにいて・あっちに行って・ありがとう・ごめんなさい・くやしい・うらやましい・仲良くしたい・うるさいな

●体のぐあいカード●

保育者がカードを見せて、体調や感じていることを確認できます。子ども自身が選んで状態を訴えることにも使います。

元気だよ・疲れた・熱がある・普通だよ・痛い・おしっこしたい・うんちしたい・気持ちが悪い・気持ちいい・のどが渇いた・暑い・寒い

●動き方カード●

保育者が保育活動のときに気になる子にカードを見せて、活動のサポートに使います。

立とう・歩こう・走ろう・止まろう・並ぼう・前に進む・休もう・椅子に座る・しゃがもう・お話を聞こう・ジャンプする・静かにしよう

●一日の始まり(登園)カード●

保育者がカードを見せて、登園時の手順を指差しながら子どもに確認します。

先生にあいさつ→靴を履き替える→保育室に入る→水筒や連絡帳をしまう→着替えてロッカーに入れる→トイレに行く→みんな一緒にあいさつ→先生のお話を聞く→あそびに移る

●園の一日カード●

保育者がカードを見せて園での一日を順に教え移動などを確認します。

お部屋で遊ぶ・片づける・お散歩に行く・手をつないで歩く・手を洗う・運動する・食事をする・トイレに行く・お昼寝する・みんなで遊ぶ・お帰りのしたくをする・「さようなら」をする

●着替えカード●

着替えが苦手な子に、保育者がカードを見せて手順を確認します。

着替えを出す→ズボン・シャツを脱ぐ→シャツのタグ側を持つ→頭を入れる→シャツを下に引いて着る→座ってズボンを片足ずつはく→ズボンを上げる→シャツをズボンの中に入れる→脱いだ物をたたんでしまう

●食べよう(食事)カード●

着席して食べるのが苦手な子に、保育者がカードの手順を見せて確認します。

手を洗う→自分の席に座る→静かに配膳を待つ→「いただきます」をする→おいしく食べる→「ごちそうさま」をする→自分のコップとタオルをとる→歯磨きをする→口をゆすぐ

●トイレカード●

トイレが一人でできない子に、保育者がカードの手順を見せて確認します。

スリッパをはきトイレに入る→ズボン(スカート)とパンツを下ろす→便器に座る→うんち(おしっこ)をする→トイレットペーパーをとる→前・おしりの穴を拭く→ズボンとパンツをあげる→便器の水を流す→手を洗う

●声の大きさカード●

適切な声の大きさをイラストで確認してもらいます。

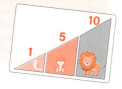

●時計カード●

割りピンで止めた針を目標の時間まで動かし、活動の切り替えをしやすくできます。

[カードの作り方＆見せ方]
❶ カードをカラーコピーしたり、パソコンに取り込んでプリントする。
❷ 厚紙に貼り、できればラミネート加工する。
❸ 見せ方＝カードファイルに入れて、順に見せる／カードリングでとじて見せる／裏にマグネットシートを貼り掲示する

第3章 保護者対応＆支援環境作り

■ **監修者紹介**

冨田　久枝（とみた　ひさえ）

千葉大学名誉教授。
千葉県生まれ。専門は心理学（博士）。おもに保育現場における乳幼児期の発達支援を主とした研究と実践を行っている。おもな著作＝実例でわかる　保育所児童保育要録作成マニュアル（成美堂出版）／実例でわかる　幼稚園幼児指導要録作成マニュアル（成美堂出版）など。

● **デザイン＆DTP**

松倉　浩／鈴木友佳／コパン・ウィズ

● **イラスト**

入星綾／エダりつこ／町田直子／福島千秋

● **校正**

高梨恵一

● **編集協力**

(有)エディッシュ／(有)コンテンツ

● **アンケート協力（五十音順）**

・愛隣幼稚園（千葉県千葉市）
　https://www.airinyoutien.com
・認定こども園　新光明池幼稚園（大阪府和泉市）
　https://www.shinkomyoike.jp
・幼稚園型認定こども園　高槻双葉幼稚園（大阪府高槻市）
　https://www.takatsukifutaba.ed.jp
・幼保連携型認定こども園　やまなみ幼稚園（大阪府寝屋川市）
　https://www.yamanami-kindergarten.jp
・キックオフ　チャイルド・ケアセンター（大阪府寝屋川市）
　https://www.yamanami-kindergarten.jp/kickoff/

気になる子の保育マニュアル

監　修　冨田久枝
発行者　深見公子
発行所　成美堂出版
　　　　〒162-8445　東京都新宿区新小川町1-7
　　　　電話(03)5206-8151　FAX(03)5206-8159
印　刷　大盛印刷株式会社

©SEIBIDO SHUPPAN 2025　PRINTED IN JAPAN
ISBN978-4-415-33535-3

落丁・乱丁などの不良本はお取り替えします
定価はカバーに表示してあります

・本書および本書の付属物を無断で複写、複製（コピー）、引用することは著作権法上での例外を除き禁じられています。また代行業者等の第三者に依頼してスキャンやデジタル化することは、たとえ個人や家庭内の利用であっても一切認められておりません。

■ 子どもに伝わる絵カード ■　　　　　　　　　きもちのカード

うれしい

かなしい

たのしい

やりたい

やりたくない

いやだよ

おこっている

おもしろい

つまらない

わからない

わかった

すき

 きらい	 こわい
 ほしい	 いらない
 はなしたい	 はなしたくない

 びっくりした	 こまったな
 かえりたい	 いきたい
 そばに いて	 あっちに いって

ありがとう

ごめんなさい

くやしい

うらやましい

なかよくしたい

うるさいな

● からだのぐあいカード

げんきだよ

つかれた

ねつが ある

ふつうだよ

いたい

おしっこしたい

うんちしたい

きもちが わるい

きもちいい

のどが かわいた

あつい

さむい

● うごきかたカード

たとう

あるこう

はしろう

とまろう

ならぼう

まえに すすむ

 やすもう	 いすに すわる
 しゃがもう	 おはなしを きこう
 ジャンプする	 しずかに しよう

● 一にちのはじまりカード

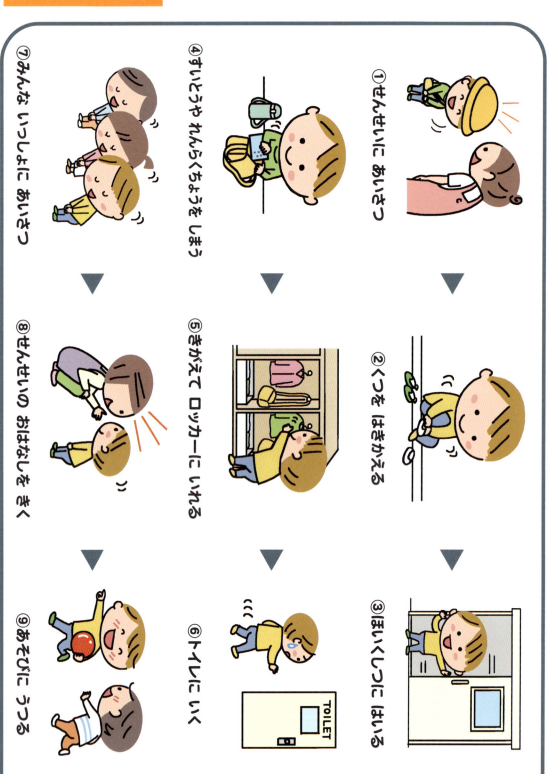

① せんせいに あいさつ
② くつを はきかえる
③ ほいくしつに はいる
④ すいとうや れんらくちょうを しまう
⑤ きがえて ロッカーに いれる
⑥ トイレに いく
⑦ みんな いっしょに あいさつ
⑧ せんせいの おはなしを きく
⑨ あそびに うつる

● えんの一にちカード

おへやで あそぶ

かたづける

おさんぽに いく

てを つないで あるく

てを あらう

うんどうする

しょくじを する

トイレに いく

おひるねする

みんなで あそぶ

おかえりの したくを する

「さようなら」を する

● きがえカード

● たべようカード

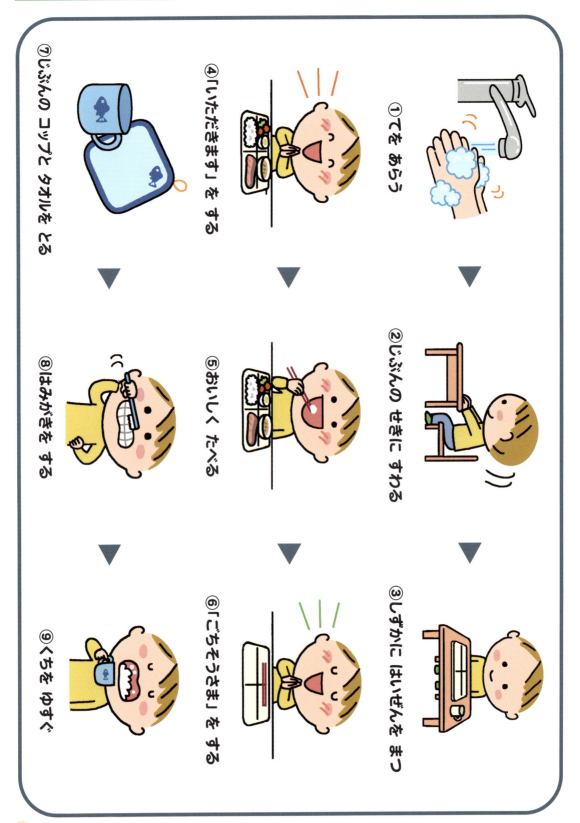

① てを あらう
② じぶんの せきに すわる
③ しずかに はいぜんを まつ
④ 「いただきます」を する
⑤ おいしく たべる
⑥ 「ごちそうさま」を する
⑦ じぶんの コップと タオルを とる
⑧ はみがきを する
⑨ くちを ゆすぐ

● トイレカード

① スリッパを はき トイレに はいる
② ズボン（スカート）と パンツを おろす
③ べんきに すわる
④ （省略）
⑤ うんち（おしっこ）を する
⑥ トイレットペーパーを とる
⑦ まえ・おしりの あなを ふく
⑧ パンツと ズボンを あげる
⑨ べんきの みずを ながす
⑩ てを あらう